Historia de la República del Ecuador
Tomo I

1890

FEDERICO GONZÁLEZ SUÁREZ

CONTENIDO

PRÓLOGO	5
DISCURSO INTRODUCTORIO	11
CAPÍTULO I	23
CAPÍTULO II	31
CAPÍTULO III	49
CAPÍTULO IV	69
CAPÍTULO V	89
CAPÍTULO VI	103
CAPÍTULO VII	119
CAPÍTULO VIII	133

PRÓLOGO

Cuando hace ya veinte años salió a luz en Lima el Tomo primero del Resumen de la Historia del Ecuador, nos consagramos a su lectura con verdadera ansia, estimulados por el anhelo de saber las cosas de nuestra patria: lo mismo hicimos con cada uno de los cuatro tomos siguientes, devorándolos conforme los iba publicando su respetable autor, ese benemérito de las letras ecuatorianas, el señor doctor don Pedro Fermín Cevallos; pero, confesamos que lo que en el Resumen encontramos en punto a las antiguas razas indígenas ecuatorianas no nos dejó satisfechos; echamos de menos, además, la parte que el elemento religioso no podía menos de tener en nuestra historia, en la que no era posible pasar en silencio la participación que la Iglesia había tenido y la influencia que había ejercido en el descubrimiento, conquista y colonización de estas comarcas.

Con la más viva curiosidad y con el entusiasmo propio de la juventud, nos dedicamos, pues, inmediatamente a la lectura de cuantas obras trataran no sólo del Ecuador sino de todos los pueblos que habían sido antes colonias españolas, a fin de investigar sus antigüedades y adquirir conocimiento cabal de su historia. Pensábamos que era imposible estudiar a fondo la historia del Ecuador, si carecíamos de instrucción en la de los demás pueblos americanos, principalmente aquellos con quienes el Ecuador había tenido estrechas relaciones.

Estas lecturas, estos estudios, estas investigaciones, continuadas pacientemente por algún tiempo, nos proporcionaron un no despreciable caudal de conocimientos relativos a la historia de América y muy especialmente a la del Ecuador en particular. Nuestro primer propósito fue aprovecharnos de esas noticias, para escribir notas o apéndices al Resumen de la Historia del Ecuador; mas, cuando pusimos en orden nuestros apuntes, vimos que eran tantos, que con ellos podíamos formar un libro aparte.

El año de 1878, dimos a luz el Estudio histórico sobre los Cañaris, antiguos pobladores de la provincia del Azuay, como fruto de nuestras investigaciones sobre las razas indígenas o aborígenes del Ecuador. El trabajo que después salió al público con el título de Historia Eclesiástica del Ecuador (Tomo primero), fue sólo un ensayo o muestra de la obra, que, con mayores proporciones y más vasto plan, habíamos emprendido sobre toda la época de la dominación colonial en nuestra tierra. Ese ensayo es imperfecto y tiene no pocos vacíos: nosotros lo conocíamos y estábamos convencidos de ello; pero, a pesar de esas imperfecciones, a pesar de esos vacíos, nos vimos en el caso de publicarlo, para complacer a una persona, a quien profesábamos sincero cariño, respeto profundo y el más entrañable reconocimiento. Esa persona nos estimuló, nos estrechó, a que publicáramos, y hasta nos impuso el precepto de dar a la estampa nuestra Historia Eclesiástica del Ecuador.

Obedecimos, y la literatura patria contó con un libro más, merced al celo o interés del venerable señor Toral, el insigne Obispo de Cuenca, entonces nuestro prelado.

Publicado ese primer tomo, resolvimos no continuar la obra, porque conocíamos que aquí, en el Ecuador, no existían documentos para continuar escribiéndola concienzudamente. Era necesario ver los documentos originales, leerlos y estudiarlos despacio, a la luz de una crítica ilustrada y severa; pero, para realizar semejante estudio, aunque nos sobraba la mejor voluntad, nos faltaban todos los demás recursos. Era necesario, indispensable, viajar a Europa, visitar los archivos españoles, buscar allí los documentos de nuestra historia, y emprender con paciencia la tarea de estudiarlos allá, de copiarlos o siquiera extractarlos personalmente. ¿Cómo poner por obra semejante propósito? Otro prelado, otro obispo ecuatoriano, vino en nuestro auxilio.

Escriba nuestra historia, háganos conocer a nuestros mayores, cuéntenos lo que fue el Ecuador en el tiempo pasado, nos decía el reverendísimo señor arzobispo de Quito, doctor don José Ignacio Ordóñez; y, con su cooperación eficaz y con sus auxilios, tan generosos como oportunos, pudimos realizar nuestro viaje a España, visitar sus riquísimos e inexplotados archivos de documentos americanos, recorrer sus bibliotecas y conferenciar con sus hombres de letras, principalmente con sus doctos americanistas.

Preparada ya la historia, era necesario publicarla: a esto acudió también la solicitud del ilustrísimo Arzobispo de Quito: echó mano el prelado de varios arbitrios, y, a pesar de la escasez de recursos en que se encontraba la curia eclesiástica, hizo venir una imprenta nueva, para que en ella se diera a luz la Historia general del Ecuador, en edición esmerada y elegante. Este libro, si tiene algún mérito, ése más que al autor corresponde, pues, a los dos prelados ecuatorianos. De todas cuantas cosas hemos escrito y publicado, solamente una ha sido escrita y dada a luz por un propósito deliberado nuestro; en las demás, principalmente en nuestras primeras publicaciones, hemos cedido a insinuaciones para nosotros muy respetables, y a veces hemos obedecido preceptos terminantes, de quien tenía derecho de darnos órdenes y de imponernos deberes. El ilustrísimo señor Toral nos puso la pluma en las manos; y esta pluma, tan tosca y tan mal cortada, le pareció pluma de oro al bondadoso e indulgente prelado. En su lecho de agonía, pocas horas antes de partir de este mundo, todavía se acordó de nosotros y, próximo a gozar de la Verdad Eterna, del Bien Sumo y de la Belleza Inefable, todavía se interesó por las letras ecuatorianas; y, al enviarnos desde su lecho de muerte un obsequio muy significativo, nos estimuló a que continuáramos escribiendo.

Su amor de padre para con nosotros le engañaba, y le hacía reconocer méritos donde en realidad no los había; y esa prenda de familia, esa pluma de oro que nos dejaba en legado, era la expresión, el símbolo más bien de su corazón de oro que de nuestro escaso e insignificante mérito literario. Por esto, si algún nombre hubiéramos de escribir al frente de este libro, ese nombre no sería otro sino el del benemérito y modesto Obispo de Cuenca; y si hubiéramos de poner esta Historia general del Ecuador a la sombra de algún mecenas, ése no sería otro sino el ilustrísimo señor Ordóñez, actual arzobispo de Quito.

Ésta es también la ocasión más oportuna, y éste el lugar más a propósito, para pagar la deuda de reconocimiento que debemos a las demás personas que han cooperado a la publicación de esta obra. Los amigos, que en el Congreso ordinario de 1885, trabajaron para que se nos auxiliara con algunos recursos, venciendo las dificultades en que tropezaba el escrupuloso patriotismo de algunos diputados y senadores, que temían malgastar los fondos públicos y derrocharlos, contribuyendo a la publicación de una Historia general del Ecuador; el docto anticuario ecuatoriano, señor doctor don Pablo Herrera, que siempre nos ha auxiliado con sus consejos, y alentado no sólo con su aprobación sino hasta con sus aplausos; y el distinguido ecuatoriano, señor don Clemente Ballén, para quien no es indiferente nada de cuanto puede contribuir al adelantamiento de su patria: he aquí las personas, a quienes debemos una muy especial manifestación de agradecimiento.

En este lugar se la pagamos gustosos.

La desinteresada actividad, la paciente diligencia con que el señor Ballén ha tomado a pechos todo cuanto podía auxiliarnos para la composición de nuestro libro, era necesario que fuesen conocidas de sus compatriotas. Nosotros agradecemos al amigo y al conciudadano.

Expondremos ahora los estudios e investigaciones, que hemos llevado a cabo para escribir esta obra.

Hemos recorrido todas las provincias de la República, visitando más de una vez los lugares célebres en nuestra historia, y examinando con cuidado los monumentos que aún quedan de los antiguos indios, por arruinados que se hallen o por insignificantes que parezcan. Con la más constante paciencia hemos desempolvado nuestros archivos, los cuales se hallan en un estado de desgreño, de desorden y de abandono tan notable, que hacen casi imposible la investigación y estudio de los documentos.

Como en el Ecuador no existía aún la afición a los estudios arqueológicos, como el cultivo de las ciencias naturales y de observación ha sido tan raro entre nosotros, grandísimos trabajos y gastos increíbles nos han sido necesarios para reunir algunos objetos antiguos y para adquirir obras valiosas, que no son para la exigua fortuna de un eclesiástico, y que en otros países se hallan en las bibliotecas públicas, donde, sin erogaciones enormes de dinero ni graves molestias, pueden leerlas cómodamente los particulares.

Hay en el Ecuador tan poco aprecio por las obras nacionales, que no sólo sin dificultad, sino con gusto se apresuran nuestras gentes a regalar o vender a los extranjeros los objetos de arte antiguos que debían estar custodiados en un museo nacional. ¡Museo nacional de antigüedades ecuatorianas! Parece que nunca lo hemos de tener, según se presenta la marcha de la vida social en nuestra República!... Hemos sabido la existencia de algunas obras de arte dignas de observación; pero, por desgracia, las personas que las poseían no han tenido a bien mostrárnoslas. Muchísimos objetos de éstos han dejado después de existir.

Durante nuestra permanencia en España, practicamos investigaciones de documentos e hicimos estudios en el Archivo de Indias en Sevilla, en los Archivos nacionales de Alcalá de Henares y de Simancas, en la Biblioteca y en el Archivo de la Real Academia de la Historia, en el Depósito Hidrográfico y en muchas otras bibliotecas, así de Madrid, como de varias ciudades importantes de la Península. En el Archivo de Indias estudiamos más de mil legajos de documentos concernientes a nuestra historia, a la del Perú y a la del antiguo virreinato de Bogotá, con las que la nuestra está necesariamente relacionada.

Es tal y tan considerable la abundancia de documentos sobre América que posee España, que nosotros alcanzamos a estudiar doscientos cuatro códices solamente en la Biblioteca Nacional de Madrid; y el Archivo de Indias en Sevilla atesora una riqueza de documentos que excede a toda ponderación.

En todas partes fuimos muy bien recibidos, ni se nos puso obstáculo alguno para nuestros estudios; y en los jefes o directores de los archivos de Sevilla, de Simancas y de Alcalá, tuvimos la fortuna de encontrar unos caballeros tan ilustrados que daban honra al Gobierno español y a la nación cuyos archivos custodiaban. Los americanos regresamos a América convalecidos de la prevención adversa y de la desconfianza con que entramos en España.

Sin el estudio prolijo de los grandes archivos españoles, principalmente del de Indias en Sevilla, creemos que es moralmente imposible escribir la historia general de América y la particular de cada uno de los pueblos, que hoy son repúblicas independientes y que antes fueron colonias españolas.

De España pasamos a Portugal y de Portugal vinimos al Brasil; visitamos después el Uruguay, recorrimos luego la Argentina, y, por fin, en Santiago de Chile y en Lima, continuamos todavía las investigaciones de piezas y documentos relativos a nuestra historia. Deseábamos tocar en el Brasil, para comparar su naturaleza con la naturaleza de nuestras comarcas occidentales, y visitamos Buenos Aires, para conocer su museo de Paleontología zoológica, único en el mundo por la preciosa colección de fósiles de la fauna terciaria y cuaternaria americana.

Mas, a pesar de tantos estudios, de tantos viajes, de tantas investigaciones, todavía estamos convencidos de que nuestra obra no es más que un ensayo imperfecto, lleno de vacíos y, acaso, también no falto de errores. Esta confesión no es una gazmoñería de fingida modestia, sino la manifestación leal, franca y sincera del concepto que nosotros mismos nos hemos formado de nuestro propio trabajo. ¡Sí, lejos de nosotros la vana pretensión de juzgar que nuestra obra sea perfecta, ni mucho menos acabada! Para escribir una Historia general del Ecuador, mucho habría que estudiar todavía...

Si de todas las partes o secciones de nuestro libro estamos poco satisfechos, de la parte relativa a las antiguas razas indígenas estamos descontentos, y la publicamos con positiva desconfianza. La arqueología está todavía intacta o inexplorada, en el Ecuador, y aunque nosotros seamos los iniciadores de esos estudios entre nosotros, no por eso tenemos la jactancia de suponer que nuestras antiguas razas indígenas están ya bien conocidas y estudiadas. ¿Qué estudios de Antropología ecuatoriana se han practicado entre nosotros? ¿Qué investigaciones ha llevado a cabo la Craneología? ¿Dónde los análisis lingüísticos?...

Ahora no nos resta más sino declarar solemnemente que hemos buscado la verdad con ahínco, que la decimos sin temor; que estamos desnudos y libres de toda preocupación, y que anhelamos con esta obra hacer un homenaje a la Providencia Divina, a la virtud de los hombres, y a sus buenas acciones: porque justicia, y justicia severa, imparcial, inexorable, es la que hace la Historia.

Quito, enero de 1890
Federico González Suárez

DISCURSO INTRODUCTORIO

I

Modos y formas de trabajo en la colonia

Escribir la historia de un pueblo es narrar su origen, sus adelantos, sus vicisitudes y los caminos por donde ha llegado al punto de grandeza o de decadencia moral, en que lo encontró el historiador en el momento en que emprendió su narración. En la vida de los pueblos hay edades diversas, como en la vida de los individuos; pues nacen, prosperan y decaen, cual si recorrieran, como el individuo, los días apacibles de la infancia, los momentos fugaces de la juventud y las molestas jornadas de la ancianidad.

De la reunión de complicadas circunstancias nace la prosperidad o decadencia de un pueblo: la condición del suelo en que vive, sus ocupaciones necesarias, las razas diversas de que está formado, las relaciones que las unen, sus hábitos de vida y, más que todo, las creencias religiosas, son los elementos que contribuyen a la prosperidad o a la decadencia de un pueblo. Ninguno de esos elementos ha de perder de vista el historiador, si quiere acertar en el juicio que forme de la vida del pueblo, cuya historia pretenda narrar.

La historia ha de ser una enseñanza severa de moral, presentada a las generaciones venideras en los acontecimientos de las generaciones pasadas. El criterio del historiador ha de ser recto, inspirado en la sana moral, ilustrado con las luces de una filosofía elevada, y justo, mediante su adhesión inquebrantable a los principios religiosos de la Iglesia católica. Semejante criterio histórico es el que seguiremos en la narración de la historia de la nación ecuatoriana, sin apartarnos ni en un ápice de la verdad ni de la justicia.

La historia, como enseñanza moral, es una verdadera ciencia, que tiene un objeto nobilísimo, cual es hacer palpar a los hombres el Gobierno de la

Providencia divina en las sociedades humanas.

El hombre, como ser racional, está dotado de libre albedrío y es señor de sus propios actos; pero, como criatura contingente y perecedera, no puede menos de estar sujeto a la voluntad soberana del Criador, que, dándole libertad, le ha impuesto también leyes, a las que debe someterse dócilmente. El Gobierno de la Providencia y el uso que el hombre hace de su libertad explican satisfactoriamente los secretos de la vida de los pueblos, y las causas de su engrandecimiento o decadencia en la sucesión de los tiempos.

Lo que no acertaba a explicar la filosofía antigua, y lo que hoy no quiere comprender la filosofía moderna (que ha renegado de las enseñanzas católicas), lo explica sencillamente el sentido común, guiado por los dogmas cristianos. Veamos, pues, cómo esta porción de la familia humana, que llamamos República del Ecuador, ha cumplido hasta ahora su destino providencial en el tiempo.

La configuración física de la tierra, sus condiciones determinadas para el desarrollo de la vida humana, la situación que ocupa en el globo respecto a los demás puntos habitados por el hombre, y las ventajas o desventajas que ofrezca para el mutuo comercio y trato de unos pueblos con otros, todo influye en la vida de una Nación; y el historiador concienzudo no ha de perder de vista ninguna de estas circunstancias, al parecer insignificantes, si quiere conocer él mismo y dar a conocer a los lectores la verdadera fisonomía moral y carácter distintivo de un pueblo. ¿Cómo podrá el historiador trazar, con mano segura, los rasgos característicos de un pueblo, si ignora las condiciones físicas del lugar en que ese pueblo tiene su residencia? ¿Cómo lo retratará fielmente, si prescinde por completo de las condiciones físicas de la tierra, donde ha vivido el pueblo, cuya existencia es el objeto de su narración? Antes podría haber prescindido la Historia de las condiciones físicas de los lugares en que han hecho los pueblos su mansión; ahora la crítica histórica principia por conocerlas, y la Historia no las pierde de vista ni un momento, en la exposición de los acontecimientos que cuenta a la posteridad.

II

De mas punto imposible es fijar la época, en que principiaron a ser pobladas por el hombre las tierras ecuatorianas. Por inmigraciones sucesivas debió llegar, por el lado del Pacífico, la mayor parte de los primitivos pobladores: la diversidad de origen pudiera deducirse, acaso, de la variedad de idiomas nativos de los pobladores, pero la filología no ha estudiado aún los restos de los idiomas que hablaban las tribus indígenas cuando la conquista de los incas; y el historiador ha de limitarse a conjeturas más o menos fundadas, según los datos en que las apoye, al trazar el cuadro de las instituciones, leyes, usos y costumbres de las antiguas razas indígenas que poblaban estas regiones.

La historia de las primitivas razas ecuatorianas ha sido muy desatendida por todos los historiadores, así antiguos como modernos; pues la raza de los incas es la que les ha llamado la atención, y de las otras no han hablado sino como de paso, y en cuanto se relacionaba con aquélla. No obstante, la Historia debe investigar cuál era el estado de civilización o de barbarie en que se encontraban las primitivas razas ecuatorianas, cuando los hijos del Sol conquistaron estas provincias: se ha de estudiar la influencia de la nación conquistadora sobre las tribus conquistadas, sin desatender de ninguna manera la que las parcialidades subyugadas ejercieron, a su vez, sobre sus dominadores. El dominio de los incas fue relativamente de corta duración en las provincias ecuatorianas; y las naciones antiguas no llegaron a perder ni su carácter original ni su fisonomía propia. Ésta es una de las épocas más laboriosas para el historiador, por lo que respecta a las investigaciones; pero la más estéril, en cuanto a resultados satisfactorios.

Con el descubrimiento y la conquista principia positivamente la verdadera historia ecuatoriana: no es ya el conocimiento de una nación bárbara, sino la lucha entre la raza conquistadora europea y la raza indígena, que iba a sucumbir, lo que llama la atención del historiador. ¿Qué fue la conquista, sino la lucha entre dos razas, distintas en usos, religión, leyes y costumbres? ¿Qué fue, sino la lucha entre dos civilizaciones, que, de repente, se pusieron en contacto, quedando vencida la una y vencedora la otra? No podría, pues, conocerse bien ni apreciarse el mérito de la conquista, si no se conocieran bien los dos pueblos, las dos razas: la ibérica, descubridora de estos países, y conquistadora y dominadora invicta de ellos; y la indígena, que todavía vive en medio de nosotros, conservando casi intacto su carácter propio, con su lengua nativa y sus inalterables costumbres.

La historia de la conquista exige un ilustrado y muy imparcial criterio filosófico, y es el punto en que más delicado y escrupuloso debe ser el historiador, huyendo de todo sistema, para no decir más que la verdad. Hay compromisos de escuela, que obligan a los historiadores a expresarse de una manera determinada, halagando las pasiones en vez de corregirlas, bastardeando los instintos populares en vez de purificarlos.

Durante el gobierno de la colonia el Ecuador forma una provincia subalterna, dependiente unas veces del virreinato del Perú, y otras del virreinato de Bogotá; pero no deja de prosperar, aunque muy lentamente. Las guerras civiles, que siguieron a la conquista del Perú, trastornaron de tal manera el imperio de los incas, que los mismos conquistadores no podían menos de lamentar, viendo el estado de corrupción a que en breve tiempo habían llegado los indios. Este efecto desmoralizador de las guerras civiles fue más prolongado en el antiguo reino de Quito, por la falta que hubo al principio de una autoridad, firme y vigorosa. La colonia casi estuvo abandonada a sí misma, y la acción benéfica de la autoridad de los virreyes de Lima era punto menos que de solo nombre para los hijos de los conquistadores en estas comarcas, tan apartadas de la metrópoli del virreinato, y de tan ásperos y difíciles caminos. A este mal se intentó poner remedio con la fundación de la Real Audiencia.

La colonia adquirió nueva importancia. El Obispado en lo espiritual y la Audiencia en lo temporal contribuyeron a darle mayor orden, y por consiguiente, más seguras garantías de moralidad. La moralidad social era en aquellos tiempos el único elemento de vida que necesitaba la naciente colonia. Mas, ¿cómo podría haber habido moralidad social, donde no había autoridad? Los conquistadores se acostumbraban fácilmente a la vida aventurera, se disgustaban del ocio del hogar y tenían repugnancia al trabajo. Por otra parte, las ideas caballerescas, llevadas hasta la exageración, contribuyeron poderosamente a viciar el noble carácter de los hidalgos castellanos, que en las colonias de América hacían consistir la limpieza de la sangre en vivir holgadamente, haciéndose servir por los indios, y mirando con desdén la profesión de las artes mecánicas y la consagración al trabajo, que ennoblece y dignifica el ánimo. Las venganzas personales y la emulación pusieron, más de una vez, en aquellos tiempos la administración de justicia a merced de pasiones desvergonzadas.

La predicación del Evangelio era el gran fin que traían los sacerdotes, cuando salían de la Península para venir a las Indias. La Historia no podrá desconocer nunca la saludable influencia que los sacerdotes, y principalmente los religiosos, ejercieron sobre los conquistadores: el corazón del soldado, de suyo cruel, se dejaba arrebatar fácilmente por las pasiones feroces de la cólera, de la venganza; y, endureciéndose cada día más en las guerras tenaces de la conquista, habría acabado por sacrificar sin piedad a la inerme raza vencida, si el sacerdote no hubiera estado allí, a su lado, para moderarlo. La fundación de numerosos conventos, la erección de obispados, la catequización de los indios en las doctrinas, y el establecimiento de bien organizadas misiones en los inmensos bosques del Napo, del Putumayo y del Marañón, harán siempre honor al Gobierno de los reyes de España en estas comarcas. Los obispos eran los moderadores de las costumbres y los ministros de la paz y de la doctrina evangélica. Tuvo la felicidad el antiguo reino de Quito de poseer entre sus obispos no pocos varones egregios, enriquecidos de virtudes verdaderamente apostólicas, que pastorearon esta porción de la grey del Señor con pasto de enseñanza saludable, así por la vigilancia en extirpar el error, como por el celo de promover el bien, yendo delante de todos con el ejemplo de su vida santa.

Religiosos hubo también doctos y de virtudes nada comunes; y en el clero secular no faltaron sacerdotes eminentes por su saber y el ejemplo de sus virtudes. El culto se practicaba con un esplendor y un lujo admirables:

las fiestas religiosas eran frecuentes y magníficas, siendo lo más digno de ponderación que el pueblo tomaba mucha parte en ellas y las consideraba como regocijos comunes. El pueblo durante el año eclesiástico seguía la sucesión de las festividades religiosas, haciendo de ellas sus fiestas nacionales. Verdad es que se echaba de menos el espíritu interior, sin el cual las sagradas ceremonias del culto público se reducen a meras prácticas exteriores, o a espectáculos devotos, que entretienen pero no moralizan. Así, las fiestas religiosas se solemnizaban con danzas profanas, con corridas de toros, con entretenimientos pecaminosos, sin que nadie cayera en la cuenta de la chocante contradicción que había entre lo puro, lo ortodoxo de las creencias especulativas, y lo supersticioso de muchas prácticas exteriores.

Las familias religiosas pronto degeneraron del espíritu de fervor y observancia de sus respectivos institutos, y los escándalos, llegando a ser demasiado frecuentes y públicos, perdieron casi por completo ante los fieles el carácter de escándalos. El público se acostumbró al escándalo; y hasta se oscureció la lucidez de ese criterio moral práctico, tan recto, tan justo, que es el distintivo de los pueblos católicos.

El deseo de adquirir bienes cuantiosos fue general en todos los regulares; y ni la autoridad real pudo ponerle coto. Los monasterios se multiplicaron con exceso, la disciplina monástica desapareció de los conventos, y las casas de oración abrieron sus puertas al lujo y a la holganza, que se hospedaron como de asiento en ellas. Entre tanto, la marcha de las ideas iba tomando un rumbo muy peligroso; y cuánto habían cambiado los tiempos se vio con la expulsión de los padres jesuitas, llevada a cabo no sólo con grande facilidad, sino hasta con la aprobación de no pocas personas así eclesiásticas como seculares.

Este hecho es trascendental y señala el comienzo de una época moral enteramente nueva la decadencia de los estudios fue el inmediato resultado de la expulsión de los jesuitas; la destrucción de las misiones de infieles no se hizo aguardar mucho tiempo; y ni los grandes esfuerzos de la Corona por sostenerlas fueron parte para librarlas de su completa ruina.

Los cuantiosos bienes de los jesuitas, pasando a manos de individuos particulares, produjeron en el territorio de la antigua Audiencia de Quito una transformación social, creando la nobleza acaudalada, a cuyas manos no tardó en pasar la dirección de la sociedad.

Cuando en estas provincias se fomentaba la industria de los tejidos de lana y de algodón, la ganadería y el comercio entretenían en la abundancia hasta a las más pequeñas poblaciones. El comercio libre ocasionó la competencia, fueron decayendo rápidamente los obrajes, y la industria desapareció, sin que el gobierno colonial acertara a dar al país otro medio de riqueza.

El cultivo del cacao tenía tantas trabas y tantos obstáculos, que ese producto generoso de la tierra ecuatoriana, apenas era exportado en cantidades exiguas a ciertos y determinados puertos de México: la explotación de las quinas y cascarillas se principió a fines del siglo pasado; y ya desde entonces se previeron los resultados que había de producir y el término a que no tardaría en llegar.

Injusta sería toda queja contra el gobierno colonial, si consideráramos la administración de la cosa pública desde el punto de vista en que se colocaban nuestros mayores; pero la moral tiene principios eternos e invariables, y, mediante ellos, hemos de examinar la marcha de la sociedad en los tiempos antiguos. El orden de los procesos, la tramitación legal, pausada y tortuosa, y la enorme distancia de los tribunales supremos, conservaban a las colonias en un estado moral muy atrasado, por falta de una buena administración de justicia; pues el fallo tardío de la Corte era una positiva garantía de impunidad para los delincuentes. Por otra parte, si las leyes dictadas por los soberanos eran buenas, si las sentencias pronunciadas por la Corte eran justas; aquí, en las colonias, se echaba de menos ordinariamente un brazo vigoroso que hiciera observar las leyes y cumplir las órdenes del soberano. En fin, medidas, que la ley había adoptado para garantizar a todos la recta administración de justicia, se convertían a menudo en fuente de abusos.

La división entre criollos y españoles europeos llegó a ser enconada rivalidad: los europeos despreciaban a los nacidos en estas partes; y asimismo los americanos odiaban en su corazón a los extranjeros. Como los naturales de Indias no podían obtener cargos ni empleos en su propia patria sino muy raras veces, el estímulo para el mérito casi no existía; y de ahí esa creciente ambición de sacudir el yugo de la metrópoli y emanciparse del Gobierno de España. Este deseo hervía en todo pecho americano; sólo faltaba la ocasión propicia para ponerlo en culo.

III

Esta ocasión ofreciose al fin, y, por cierto, nunca con mejor oportunidad. Napoleón I había ocupado la Península; Carlos IV había renunciado la corona de España, poniéndola a los pies del Emperador de los franceses; un extranjero ocupaba el trono en Madrid, y el príncipe heredero se hallaba confinado; los españoles principiaban a constituirse en juntas patrióticas, y el grito de guerra había repercutido de un extremo a otro de la Península Ibérica, despertando en los corazones bien puestos el noble anhelo de la independencia: ¿qué harían las colonias? ¿Reconocerían el poder de Napoleón y se entregarían a su dominio? ¿Lucharían también ellas contra el usurpador de la autoridad de sus reyes? ¿Qué hacían los gobernantes europeos? ¿En qué pensaban? ¿Qué propósitos tenían?

Los americanos, persuadidos de que también las colonias americanas debían hacer lo que habían hecho las provincias españolas, resolvieron organizar juntas en las capitales de las audiencias y virreinatos, para proveer al mejor gobierno de estos pueblos. Unos, con la mejor buena fe, querían la formación de las juntas para conservar, mejor, de ese modo, estos pueblos bajo la obediencia de los reyes de España; pues no dudaban del restablecimiento del trono de los Borbones en la Península; otros, y eran los más, buscaban en la formación de las juntas el establecimiento de un gobierno nacional americano en las colonias, como un paso suave y honroso para llegar a la completa emancipación política: finalmente, un gran número de americanos, exaltados y fervorosos, declararon, con franqueza, sus propósitos de gobernarse por sí mismos, con absoluta independencia de España, y se aprestaron a luchar, en caso necesario, con la enérgica resolución de perecer antes que continuar sometidos a una dominación extranjera. Porque, ya se empezó a calificar entonces de extranjeros a los españoles en América.

Nunca han triunfado los términos medios la lógica de los hechos dio la razón a los que resolvieron, con franqueza, sacudir el yugo del gobierno español. A todo individuo le asiste el derecho de buscar su perfeccionamiento: los pueblos, como pueblos, tienen también indudablemente ese mismo derecho. Poner los medios para organizar una manera de gobierno acomodada a las condiciones sociales de cada pueblo, es buscar su adelanto, su mejor conservación, su perfeccionamiento social.

Las doctrinas que tenían y profesaban nuestros mayores en punto a la obediencia a la autoridad real fueron el obstáculo más poderoso para nuestra emancipación política: poseían las doctrinas verdaderas, pero no acertaban a aplicarlas a las circunstancias de las colonias americanas; conocían la verdad, pero a medias; y, si veían con mucha claridad la obligación de obedecer a las autoridades legítimas, no sospechaban siquiera que los súbditos tuviesen derechos y que esos derechos eran justos, porque, en la ordenación divina, la autoridad ha sido establecida para el bien de la sociedad; y no la sociedad para el provecho de la autoridad.

¿Proclamamos el derecho de insurrección? ¡¡No, nunca!! ¿Negamos, talvez, el deber de obedecer a las autoridades legítimas constituidas? ¡Tampoco!... Pero ¿qué derecho más legítimo que el paterno? ¿qué autoridad más sagrada que la autoridad paterna?... Y, sin embargo, llega un día cuando el hijo puede constituirse independiente y establecer hogar aparte, para honrar en una descendencia gloriosa la memoria de su padre, aunque la resistencia de éste a la emancipación de su hijo haya sido injusta. ¡¡Hónrese España con haber dado la vida de la civilización a un mundo!!...

La guerra que llamamos de nuestra Independencia tiene, pues, todas las condiciones de una guerra justa, sostenida por las colonias contra el gobierno de la metrópoli. En la historia hemos de buscar, ante todo, una ley de moral social; y los triunfos y las victorias, a pesar de su esplendor, no han de merecernos una palabra siquiera de aprobación, menos de aplauso, sino cuando, a par de las armas, haya salido triunfante y vencedora la justicia. El gobierno español desconoció sus verdaderos intereses y se obstinó en conservar medio mundo bajo pupilaje político, cuando América debía pertenecer ya a la civilización general del globo, que había llegado a momentos solemnes y decisivos en la historia del linaje humano.

La familia humana esparcida por toda la redondez de la tierra es una en los designios de la Providencia divina, para quien no hay razas distintas, lenguas diversas ni fronteras que circunscriban los países: la hora en que las colonias americanas debían emanciparse políticamente de España, había sonado ya en los decretos de la Providencia y el trono secular de los Borbones; que tenía por pedestal el Nuevo Mundo, se derrumbó con estrépito... El patriotismo español se puso en obra para levantarlo; pero ya la corona de Carlos V no pudo reposar sobre dos mundos...

La emancipación política de España se había llevado a cabo mediante una guerra tenaz, prolongada y sangrienta. ¿Qué forma de gobierno adoptarán las colonias una vez emancipadas? Los americanos prefirieron, sin vacilar, la forma republicana y se constituyeron en repúblicas democráticas... ¿Fue acertada su elección? ¿Era ésa la forma de gobierno que convenía a las nuevas naciones? ¿La transición no era demasiado violenta? ¿Estaban estos pueblos convenientemente preparados para la forma de gobierno democrática? He ahí problemas que algún día resolvería la filosofía de la historia.

Una vez terminada la guerra de la Independencia, quedó en Colombia una clase social nueva, la clase militar, cuyos hábitos de vida y cuyas aspiraciones eran muy poco a propósito para el planteamiento del gobierno democrático. Así, desde la fundación de la república hasta ahora, la clase militar ha sido la que mayor parte ha tomado en los trastornos y en las revoluciones políticas; y en ocasiones ella ha sido el único autor y el cómplice de nuestras revoluciones. Los guerreros de la Independencia, los compañeros del Libertador, fueron los que se dieron prisa por derribar la obra que el gran hombre, con tanto trabajo había levantado.

Bolívar se libra del hierro de los asesinos, pero el puñal de la calumnia no le perdona; Sucre es inmolado en Berruecos; y con ese primer crimen la demagogia asienta la primera piedra miliaria en esa carrera de escándalos, que en América está todavía recorriendo. La gran República de Bolívar desaparece, y tres naciones independientes surgen para reemplazarla. La República del Ecuador le toca en lote a uno de los tenientes del Libertador: el General Juan José Flores, sin dar de mano a los solaces militares y al alegre esparcimiento del ánimo, funda una nación. Esto acontecía ahora sesenta años, y esa nueva nación principió a ser conocida entre las naciones del mundo con el nombre de la República del Ecuador.

La historia de esa Nación, tomando las cosas desde su origen, es lo que pretendemos narrar a nuestros lectores.

El amor sincero de la verdad será nuestro guía; y tributar solemne homenaje a la justicia, el fin de nuestra narración.

IV

Veamos las épocas principales en que se puede considerar dividida la Historia de la República del Ecuador, en el lapso de tiempo trascurrido desde el descubrimiento y la conquista de estas tierras por los españoles, hasta el año de 1830. Toda la Historia del Ecuador, hasta 1830 se puede dividir en dos grandes épocas.

La primera, desde el descubrimiento y la conquista hasta la revolución de 1809; la segunda, desde el principio de la revolución de 1809 hasta el año de 1830, en que se constituyó el Ecuador como nación libre e independiente. Estas dos grandes épocas se dividen en varios períodos, de mayor o menor duración.

El primer período comprende el descubrimiento de la tierra ecuatoriana, la conquista de ella y las guerras civiles que se suscitaron entre los conquistadores, hasta que la paz se estableció de una manera segura con la fundación de la Real Audiencia. El segundo período corre por más de un siglo, hasta la supresión de la Real Audiencia. El tercer período comienza con el restablecimiento de la Audiencia, y se prolonga hasta la revolución del año de 1809.

La segunda época no puede tener más que dos períodos. En el primero se comprenden los años que duró la guerra de nuestra emancipación política, hasta la gloriosa batalla de Pichincha. El segundo se cuenta desde la victoria de Pichincha hasta la fundación de la República.

En la primera época es necesario dar a conocer la raza indígena, pobladora de estas provincias al tiempo del descubrimiento de ellas por los españoles. El historiador debe estudiar con cuidado la raza indígena, inquirir su origen más o menos probable, sus relaciones con los otras razas, que habitaban la América, y el estado de su civilización; y exponer en qué condiciones sociales se hallaban los antiguos pueblos indígenas, cuando fueron conquistados por los europeos. La raza indígena puebla todavía la mayor parte del territorio de la república y vive en medio de nosotros, formando parte integrante de nuestra Nación: un historiador que prescindiera de la raza indígena, no conocería él mismo ni podría dar a conocer a sus lectores la nación ecuatoriana. ¿Cómo conoceríamos la conquista, si el historiador no nos daba a conocer primero el pueblo conquistado? Por eso este período de la Historia Ecuatoriana es muy importante; aunque muy difícil de ser bien conocido, por la casi absoluta falta de documentos para el historiador. Las escasas noticias que nos dan los primitivos cronistas e historiadores de Indias acerca de las antiguas tribus indígenas de estas comarcas, son los únicos documentos históricos relativos a aquellos remotos tiempos de nuestra historia. El estudio de los lugares, el examen prolijo de las tradiciones, el análisis filológico de las voces que todavía quedan de antiquísimos y desaparecidos idiomas, la inspección sagaz de los objetos desenterrados de las tumbas y la observación atenta de los antiguos monumentos arquitectónicos que se conservan en nuestro suelo, son los recursos con que se ha de suplir la falta de datos históricos relativos a las naciones indígenas, antiguas pobladoras de nuestras provincias. Estudio penoso, prolijo y dilatado, que ha de hacerse con un criterio científico, libre de toda influencia sistemática, no buscando sino la verdad, sin ver en las cosas más de lo que ellas son en realidad. El amor de la novedad y la afición a sistemas preconcebidos tuercen con frecuencia el criterio histórico en esta clase de investigaciones.

Después de largos y trabajosos estudios se adquieren escasos resultados, que, a menudo bastan apenas para apoyar conjeturas más o menos verosímiles; por lo cual, esta parte de la Historia del Ecuador no puede elevarse a la dignidad de la Historia verdadera, propiamente dicha, y ha de quedar reservada, talvez para siempre, a las pacientes investigaciones de la Arqueología prehistórica, auxiliada de la Geología, de la Paleontología, de la Etnografía y de la Antropología.

En los siguientes períodos la Historia del Ecuador es parte de la Historia del Perú, una de cuyas provincias era la antigua Audiencia de Quito. La relación así del descubrimiento como de la conquista del Ecuador está íntimamente ligada con la del descubrimiento y la conquista del imperio de los incas; pues, en rigor, no es sino un episodio, una escena de aquel atrevido y tristísimo drama, que principia con el descubrimiento del mar del Sur y no termina sino con la vuelta del desengañado Alvarado a su gobernación de Guatemala.

Durante los primeros tiempos de la colonia, la historia de nuestra Nación es la misma historia del Perú, porque sigue necesariamente la suerte del virreinato de Lima del cual formaba parte. Con la fundación de la Real Audiencia de Quito principia a tener una vida civil más propia e independiente: desde entonces también la historia está menos enlazada con la del Perú y puede narrarse aparte con unidad de plan, sin que pierda nada de su importancia.

En el siglo pasado, la Audiencia o antiguo Reino de Quito fue separado del Perú y agregado al virreinato de Bogotá, que se erigió a principios del siglo. La Historia del Ecuador, desde aquella época sigue formando parte de la del nuevo virreinato; y así continúa por una larga centuria hasta constituirse en República independiente: las provincias que componían el virreinato forman en el primer cuarto de siglo la República de Colombia, que, a la muerte del Libertador, desaparece, fraccionándose en tres estados soberanos e independientes.

V

En ningún pueblo, en ninguna época, se puede separar la historia religiosa de la civil, y es no sólo grave sino monstruoso el error de aquellos historiadores, que prescinden sistemáticamente de las creencias religiosas de los pueblos, cuya historia pretenden narrar. Si la historia ha de ser una verdadera ciencia social, ¿cómo prescindirá de la moral? ¿cómo prescindirá de las creencias religiosas, que no sólo regulan la moral, sino que forman el carácter y modelan las costumbres de los pueblos? ¿Qué lecciones dará a la posteridad un historiador, que en un pueblo no ve más que la serie de los acontecimientos, que se suceden unos a otros, e ignora las causas de ellos? ¿Cómo pondrá de manifiesto el triunfo de la justicia quien no encuentra en los hechos históricos bondad ni malicia alguna?... Si ésta es la ley general que ha de observar todo historiador, sea cual fuere el pueblo cuya historia intenta referir; ¿cuánto no se equivocaría el historiador de un pueblo hispanoamericano, si prescindiera por completo de la parte que la Iglesia católica ha tenido en la formación de los pueblos americanos? La historia de los pueblos hispanoamericanos ha de ser, imprescindiblemente, la historia de la Iglesia católica en estas regiones, porque usos, leyes, costumbres, hábitos de vida y modo de ser en general, todo, en los pueblos americanos está informado por la Religión católica. He aquí por qué en esta Historia damos tanta importancia y tanta cabida a los asuntos religiosos y a los negocios eclesiásticos.

La historia de la Iglesia Católica en el Ecuador no puede dividirse rigurosamente más que en dos épocas, que son: la Iglesia Católica bajo el patronato eclesiástico de los dos gobiernos, gobierno de los reyes de España, y gobierno de los presidentes republicanos; y la Iglesia Católica bajo el régimen canónico del Concordato celebrado por el Gobierno ecuatoriano con la Santa Sede.

En la primera época hay naturalmente dos períodos: el patronato de los reyes de España comprende el primero; y el segundo abraza el patronato de los gobiernos republicanos. Ya se ve que no es fácil hacer concordar siempre los períodos de la historia civil con los de la historia eclesiástica.

La historia de las ciencias, de las letras y de las artes, propiamente hablando, no puede tener cabida en una historia general de un país cualquiera; pero el historiador no debe omitir ninguna de cuantas noticias sean necesarias para completar el retrato fiel del pueblo, cuya historia refiere: su punto de vista es moral ante todo, y estudia las relaciones de lo bello con las costumbres, en cada época determinada. La historia de las ciencias se ha de narrar en la vida de los varones que se dedicaron al cultivo de ellas, y no han de confundirse nunca el objeto y el fin de una historia literaria con el objeto y el fin moral de una historia general.

Siendo tan vasto el campo que ha de recorrer el historiador, fácilmente se comprende cuán variados, cuán extensos y cuán profundos deberán ser sus estudios preparatorios. A esto se agrega el trabajo ímprobo, y a veces abrumador, de la investigación de documentos, de su lectura material, de su estudio prolijo y del análisis crítico, a que ha de someter cada uno, para llegar a conocer la verdad de las cosas, tales como fueron en sí mismas, y no como las refieren las pasiones, siempre expuestas a engañar a la posteridad, después de haber engañado a los contemporáneos.

El estudio de los documentos originales, principalmente de los que tienen un carácter oficial, debe hacerse con grande sagacidad, a fin de discernir lo verdadero de lo falso; pues, muchas veces, bajo apariencias de justicia se oculta la calumnia y la difamación aun en la pluma de las mismas autoridades públicas. Este estudio de los documentos originales es de todo punto indispensable, pero es también el estudio más difícil y espinoso, mayormente en aquellas épocas en que han dominado las pasiones políticas, y cuando los odios de bandería han calumniado a sus víctimas hasta en los mismos instrumentos públicos, que debieran ser siempre la expresión de la justicia. Por esto, el historiador, para descubrir la verdad en los documentos públicos de ciertas administraciones políticas, y en los apasionados escritos de la prensa periódica, tendrá más trabajo que para encontrarla en aquellas épocas remotas, de las que no nos ha quedado documento alguno. Sin embargo, la experiencia del tiempo presente, el conocimiento de las pasiones de los hombres, el manejo de los negocios públicos, la intervención personal en ciertos acontecimientos importantes, le pondrán en condiciones favorables para descubrir la verdad y para evitar el engaño, con tal que en sus estudios esté siempre animado de la intención más recta, y no se apasione sino por la justicia.

Saludables son y muy provechosas las lecciones de la Historia: ella nos hace formar un concepto muy elevado de la dignidad humana, inspira ideas grandes, vigoriza los ánimos, ennoblece nuestro carácter, comunica generosidad a los pechos más egoístas, pone de manifiesto la acción de la Providencia divina, que rige y gobierna las sociedades humanas, y en las desgracias de los tiempos pasados nos da ejemplos que imitar y escarmientos para lo futuro. Por esto, el estudio de la Historia ha sido el más moralizador de todos los estudios, y continuará siéndolo en adelante: grito de la recta conciencia humana, que escarnece al crimen triunfante, y protesta contra las violencias e injusticias de que la virtud suele ser víctima en este mundo. Para medir el grado de civilización de un pueblo, bastará conocer la manera cómo sus escritores han concebido la Historia, y el modo cómo la han narrado a sus contemporáneos.

CAPÍTULO I

I

Llamamos tiempos antiguos todos los que precedieron al descubrimiento de estas tierras y a la conquista de ellas por los españoles, en el siglo decimosexto. De esos tiempos, con ser tan dilatados, no puede escribirse una verdadera historia, por la falta absoluta de documentos relativos a esas edades remotas, durante las cuales fueron pobladas estas comarcas por la raza indígena, conquistada y avasallada más tarde por la raza española. Esos pueblos no conocían la escritura y conservaban la memoria de lo pasado por medio de tradiciones orales, expuestas a cambios y alteraciones, en las que es muy difícil, y hasta imposible muchas veces, descubrir la verdad: los monumentos que de las artes nos han quedado son muy escasos, y se hallan actualmente, o casi, destruidos por completo, o tan maltratados por la injuria de los tiempos y la inexorable codicia de los hombres, que apenas se puede formar concepto cabal de lo que fueron. Los restos que de su industria ha descubierto la casualidad o se han extraído de propósito de los sepulcros, no pueden servir como testimonios históricos, sino como pruebas del género de vida y de los usos y costumbres de los pueblos a que pertenecieron. Por esto, no una historia propiamente dicha, sino un cuadro, trazado a grandes rasgos, es lo único que de las naciones indígenas, que poblaban estas provincias al tiempo de la llegada de los españoles, puede presentar el historiador, ateniéndose, en muchos casos, a conjeturas más o menos fundadas, y no a la verdad plenamente demostrada.

Para proceder con algún orden y método en nuestra narración, distinguiremos dos tiempos o períodos en la historia antigua de las razas indígenas, que poblaban el territorio ecuatoriano antes de la venida de los europeos. Esos dos tiempos o períodos son: el que precedió a la dominación de los incas, y el que transcurrió desde que los hijos del Sol subyugaron a las diversas naciones que existían en esta parte del continente americano y las sometieron al imperio del Cuzco. Acaba este segundo período con las guerras civiles de los dos hijos de Huayna Capac, y la llegada de Pizarro a las costas ecuatorianas.

Pero, ante todo, fijaremos por un momento nuestra atención sobre las condiciones físicas y la configuración del terreno de nuestra República, y nos detendremos un corto instante en hacer una ligera descripción de ella.

Pocos países presentarán, aun en la misma América meridional, una configuración física tan particular como el Ecuador. La gran Cordillera de los Andes, que atraviesa el Continente americano desde el istmo de Panamá hasta la Patagonia, conforme se acerca a la línea equinoccial, se divide en dos ramales, que siguen paralelamente la misma dirección, desde el nudo de los Pastos al norte en Colombia, hasta más allá de Ayavaca al sur, en el Perú: entre uno y otro ramal se extienden varios nudos, formando mesetas elevadas, valles profundos y llanuras extensas desde abismos hondísimos, donde prosperan vegetales propios de climas ardientes, el terreno se va encumbrando gradualmente hasta la región de las nieves eternas, de tal modo que, en un mismo día, se pueden recorrer puntos, en que reinan los más variados climas, pasando de los calores sofocantes que enervan en los valles, al ambiente tibio de las quebradas, y luego al frío de las mesetas y cordilleras. Los ríos descienden de cerros elevadísimos y se precipitan por cauces profundos, abiertos muchas veces en rocas graníticas: ya nacen de lagos solitarios, en lo más yermo de los páramos; ya se forman poco a poco de hilos de agua, que gotean de peñascos húmedos al pie de los nevados, o de arroyos que brotan en los pajonales; muchas veces, y es lo ordinario, el cauce es tan profundo y tan agrestes las pendientes que lo forman, que las aguas corren encerradas sin formar casi playas en sus orillas.

Los ramales de la gran cordillera se abren, dejando, como en Tulcán, espaciosas llanuras en medio; se acercan, aproximan y confunden, formando, como en la provincia de Loja, un verdadero laberinto de colinas, de valles, de cerros, de cañadas y de riscos enormes: se levantan y empinan enconos gigantescos, cuya cima se pierde en las nubes, como en las provincias de Pichincha, León y Chimborazo: se humillan y doblegan haciendo altozanos dilatados, llenos de ondulaciones, como en el Azuay; y de trecho en trecho tienden cordilleras intermedias, con que enlazan y unen las dos principales. Apenas habrá, por eso, un país cuyo suelo sea tan accidentado como el del Ecuador: el agrupamiento de montes, de cerros, de colinas; las llanuras, los valles, las pendientes dan a la superficie del terreno un aspecto tan variado, que, a cada instante, se presentan nuevos y sorprendentes panoramas.

Del lado del Pacífico la anchura de las costas y de los valles varía notablemente: hacia el norte, la Cordillera occidental se acerca mucho al mar, las pendientes son bruscas, la vegetación abundante y vigorosa, y los ríos se despeñan por entre rocas dando pocas ventajas para la navegación: al sur, las llanuras de la costa se ensanchan, la vegetación no es tan exuberante y los ríos corren derramándose por anchos cauces. Del lado del Atlántico están los dilatados bosques, regados por los caudalosos afluentes del Amazonas: el clima es ardiente y enervador, y el hombre se ve como ahogado por las fuerzas de la naturaleza, que ostenta en esas regiones todo su vigor y lozanía.

No se distinguen propiamente más que dos estaciones en el año: la del verano y la del invierno, que debieran llamarse, con mayor propiedad, del tiempo seco y de las lluvias; pues la temperatura durante todo el año se mantiene igual, sin variación notable, y no se experimentan en la meseta interandina ni fríos ni calores excesivos: los campos conservan constantemente su verdor, y los días y las noches son siempre iguales.

Las condiciones del suelo son, por lo mismo, muy favorables para la vida en la región interandina; pero muy desventajosas en la costa y en la montaña. Enfermedades periódicas suelen diezmar de cuando en cuando la población en la sierra; al paso que en la costa, persiguen y minan siempre la existencia las fiebres palúdicas, propias de lugares calientes y pantanosos. La naturaleza de la temperatura varía, pues, a medida de la elevación de los lugares sobre el nivel del mar, y es cosa notable que la región de la zona tórrida, donde los rayos del sol cayendo perpendicularmente debían abrasar el suelo y hacerlo inhabitable, sea una morada apacible y hasta deliciosa para el hombre, de clima suave y benigno, y con espectáculos grandiosos y magníficos.

II

Cuando los conquistadores descubrieron estas provincias y se apoderaron de ellas, las encontraron pobladas por una raza numerosa y bastante adelantada en esa cultura relativa, propia de pueblos aislados y que se levantan por sí mismos del estado de barbarie al de civilización.

¿De dónde habían venido a estas comarcas los primeros pobladores de ellas? ¿Cuándo o en qué tiempo vinieron? ¿Procedían todos del mismo origen o eran de razas y nacionalidades diversas? ¿Cuál fue el camino por donde llegaron a estos lugares? He aquí las cuestiones que la historia de América propone, desde hace casi cuatro siglos, a la investigación de todo el que pretenda escribirla, con un criterio filosófico y desapasionado. La del Ecuador ha de comenzar por el estudio de esas cuestiones, y ha de trabajar para resolverlas de una manera satisfactoria, apoyándose en datos dignos de crédito y en observaciones concienzudas: no ha de aventurar nada sin pruebas suficientes, y en la apreciación de éstas, ha de guiarse por la luz de una ciencia, desnuda de preocupaciones sistemáticas y apoyada solamente en la verdad.

El centro del Asia fue la cuna del linaje humano; y desde allí, siguiendo el curso del sol, las inmigraciones sucesivas fueron poblando poco a poco los continentes y las islas. Los primeros pobladores de las provincias ecuatorianas, sin duda ninguna, arribaron por mar: viniendo unos del lado de Occidente por el Pacífico a nuestras costas; y descendiendo otros del lado del Atlántico por las montañas de Antioquía y Popayán, para entrar por el norte al territorio actual del Ecuador. Tarde debieron principiar a poblarse nuestras comarcas, y cuando ya estaban habitadas otras regiones de Colombia y de Centro América, y acaso también algunas del sur del Perú y de Bolivia: así lo manifiestan los restos de antiquísimas poblaciones a lo largo del Atlántico en las provincias de Cartagena y Santa Marta por el Norte, y en las costas de Trujillo y en las orillas del lago de Titicaca por el sur; y así lo indica también la situación geográfica y la configuración del terreno en nuestra República.

Cuatro naciones principales ocupaban el territorio actual de la República del Ecuador en los tiempos antiguos, antes que llegaran a estas partes los incas, con sus armas victoriosas. Los scyris, cuyas parcialidades se extendían hasta Otavalo, Caranqui y otros puntos hacia el norte; señoreaban además el valle de Cayambi al pie de la cordillera oriental, y toda la provincia de Pichincha, donde antes habitaba la nación de los quitúes, o quitos (como los seguiremos nombrando), que son los más antiguos pobladores indígenas de quienes se ha conservado memoria entre nosotros.

La nación de los puruhaes habitaba en la provincia del Chimborazo; la de los célebres cañaris ocupaba toda la provincia de Cuenca, desde el nudo del Azuay hasta Zaraguro, y desde la cordillera oriental hasta el golfo de Jambelí; las tribus semibárbaras de los paltas y de los zarzas estaban diseminadas en la provincia de Loja. En la costa moraban varias parcialidades numerosas, formando reinos o cacicazgos separados, el principal de los cuales estaba en la isla de la Puna en el golfo de Guayaquil.

Éstas eran las naciones mejor organizadas; pero había además otras, gobernadas por régulos o príncipes independientes, y que guardaban alianza con las principales. Tales eran, al norte los huacas, tuzas, tulcanes y quillasingas; los quinches y chillos, dentro del territorio de los scyris; los ambatos y los tiquizambis, limítrofes del reino de Puruhá; y los chimbos, que ocupaban las cabeceras de la costa y se extendían hasta Babahoyo.

De estas diversas naciones indígenas ninguna tiene historia propiamente tal, a excepción de los scyris, de quienes han llegado hasta nosotros algunos hechos de armas, bastante notables: respecto de las otras, la Historia se ha limitado a mencionarlas, al hablarnos de las guerras que emprendieron y de las conquistas que llevaron a cabo los incas en esta parte de su imperio, que con tanta impropiedad se ha designado después con el nombre general de Reino de Quito.

Referiremos lo que parece mejor averiguado en punto a los scyris, a su historia y a sus tradiciones.

Los scyris arribaron a las costas de Manabí, viniendo de hacia el Occidente por mar, embarcados en balsas. El primer punto donde se establecieron fue la hermosa Bahía de Caraquez, y allí construyeron una ciudad, a la que del nombre de su propia tribu le denominaron Carán: ellos se apellidaban a sí mismos los caras, y su jefe, rey o señor, tenía el título de Scyri, como quien dice el superior, el más excelente entre todos. Largo tiempo permanecieron los caras en la costa; su ciudad creció en importancia, y la población, aumentada considerablemente, comenzó a sentirse estrecha en los términos marítimos, donde estaba establecida, y fue necesario buscar sitio más extenso y mejor acondicionado, pues la humedad y el calor hacían malsana la costa, y principiaban las enfermedades a causar notable estrago en los habitantes.

Tomaron, pues, la corriente del río Esmeraldas y principiaron a subir aguas arriba, en busca de un lugar acomodado, donde establecerse, hasta que, venciendo dificultades enormes y abriéndose paso al través de los bosques, que pueblan las faldas de la cordillera occidental, salieron a la altiplanicie de Quito; dándose por satisfechos de todas sus fatigas, al encontrar tierras tan amenas y apacibles.

Hallábase entonces toda esta comarca habitada por la nación de los quitos, la más antigua de que se haya conservado noticia en los territorios ecuatorianos.

Los quitos eran muy atrasados y débiles: formaban un reino al parecer pequeño y mal organizado, por lo que no pudieron oponer una resistencia vigorosa a los invasores, y fueron fácilmente vencidos y subyugados por ellos.

Si hemos de dar crédito a los escritores antiguos, la tribu o nación de los quitos formaba una parcialidad considerable, gobernada por un régulo o monarca, el cual tenía su aduar o residencia en el punto, donde ahora se levanta ceñida de cerros esta nuestra ciudad, llamada Quito, del nombre del último de los príncipes indígenas, a quien vencieron y derrotaron los scyris; aunque otros dan otro origen al nombre de Quito, que hoy conserva la ciudad, y que bajo el gobierno español llevaron, por casi tres siglos, todas estas provincias.

Los scyris, establecidos en el nuevo territorio que habían conquistado, fundaron una monarquía, la cual poco a poco fue creciendo en extensión y poderío. Las tribus quiteñas vivían diseminadas por los campos, sin formar poblaciones regulares; se gobernaban independientemente unas de otras, y no constituyeron nunca un reino bien organizado. Del nudo de Mojanda al valle de Machachi; de la cordillera del Antisana a los bosques occidentales del Pichincha, el territorio ocupado por los quitos primitivos se hallaba bastante poblado; pero cada tribu o cada parcialidad se gobernaba por sí misma, con independencia de las demás; vivía a su manera, y obedecía al régulo de Quito solamente de un modo transitorio, cuando las necesidades de la defensa común les obligaban a los jefes a ponerse bajo la sujeción inmediata del soberano principal o del más antiguo y renombrado entre ellos.

Con los scyris aconteció lo que suele suceder siempre con los príncipes bárbaros, que se ven rodeados de poblaciones atrasadas y débiles; pues, reconociéndose poderosos, acometieron la empresa de sujetar a las parcialidades de Cayambi y de Otavalo y a las de Latacunga, y Ambato, que limitaban el reino respectivamente por el norte y por el sur. Les declararon la guerra, y, sin mucho trabajo, las vencieron e, imponiéndoles su yugo, las incorporaron a su imperio. Las tradiciones antiguas, que hallaron los conquistadores cuando entraron en Quito, aseguraban que las conquistas de las provincias del norte fueron las primeras que llevaron a cabo los scyris, y que no volvieron sus armas contra las tribus del sur, sino cuando hubieron sujetado las parcialidades de Huaca y Tusa, las últimas hacia el Norte, confinantes con las de los quillasingas, pobladores del territorio de Pasto.

Las tribus que moraban en las provincias de Latacunga y de Ambato, conservaron por más largo tiempo su independencia, pues no fueron conquistadas, sino, a lo que se asegura, por el décimo Scyri, casi dos siglos después del establecimiento de éstos en Quito.

Al sur de Ambato existía, en lo que ahora se conoce con el nombre de provincia del Chimborazo, la numerosa nación de los puruhaes, muy aguerrida y esforzada, con la cual no se atrevieron a medir sus fuerzas los scyris; y así, aunque la ambición de mayor imperio los estimulaba a continuar las conquistas que habían emprendido, el recelo de quedar, tal vez, vencidos les hizo poner fin a la guerra, contentándose con haber triunfado y sometido a su obediencia a las parcialidades de los mochas, limítrofes de los puruhaes.

Sin embargo, lo que no lograron por la fuerza de las armas, lo alcanzaron más tarde los scyris por medio de combinaciones políticas, basadas en alianzas y pactos de familia. En efecto, según la ley que entre los scyris arreglaba la sucesión en el trono, muerto un soberano, debía heredar la corona el hijo mayor, y, a falta de éste, el sobrino, hijo de hermana. Como Carán; undécimo Scyri, estuviese ya anciano y no tuviese más que una sola hija, llamada Toa, por haber muerto en temprana edad todos los varones, hizo derogar en la asamblea, de los grandes del reino la ley de sucesión al trono, y reconocer a Toa por su heredera legítima y futura reina de los scyris, determinando que gobernaría con aquel príncipe, a quien ella eligiese voluntariamente por esposo. Arregladas, tan a su sabor, las cosas domésticas, platicó el astuto scyri con Condorazo, anciano régulo de Puruhá, y le indujo a que le diera a Duchicela, su primogénito y heredero de su reino, por esposo de Toa; pactando al mismo tiempo entre los dos régulos, que Duchicela sería rey de la monarquía de los scyris y de los puruhaes, juntando ambos estados en un solo imperio. Todo se arregló como el Scyri de Quito lo propuso, y a nada presentó dificultad alguna el viejo régulo de Puruhá: los dos príncipes indios se tendían recíprocamente celadas ambiciosas, con la esperanza de ensanchar pronto los límites de sus estados; mas la muerte inesperada del Scyri de Quito, vino a burlar a entrambos, precipitando al uno en la tumba, y haciendo caer al otro del trono, cuando menos lo esperaba.

Duchicela, desposado ya con Toa, sucedió al Scyri de Quito; y, por el pacto de familia, principió a gobernar inmediatamente también en Liribamba; quedando de este modo incorporada la nación de los puruhaes al reino de Quito. Así dilató éste sus límites desde Tulcán hasta el Azuay.

La estirpe de los príncipes puruhaes llegó por este camino a heredar el trono de los scyris de Quito, formando de tribus diversas y numerosas una extensa monarquía.

En cuanto al anciano régulo de Puruhá, dice una antigua tradición recogida por el historiador Velasco, que no pudo soportar con paciencia que su hijo ocupara el trono, estando él todavía no sólo vivo y con fuerzas para gobernar, sino, (lo que es más), con sumo apego al mando; y así, afligido y lleno de despecho, abandonó su casa, salió de su pueblo, se alejó de los suyos y fue a terminar entre los riscos solitarios de la cordillera oriental su desabrida y triste vejez, sepultándose vivo en aquellos tan ásperos desiertos.

La suerte del monarca y su desesperada ausencia impresionaron tan hondamente la imaginación de sus antiguos súbditos, que éstos desde entonces principiaron a designar con el nombre del régulo al monte nevado, que se levanta casi al extremo de la provincia hacia el sur, en la cordillera oriental, y que hasta ahora se apellida Condorazo.

CAPÍTULO II

I

Algunos años de paz disfrutaron los scyris en su imperio. Los pequeños estados de Tiquizambi y de Chimbo y la poderosa nación de los cañaris celebraron alianzas con los soberanos de Quito, y, mediante ellas, se ensancharon los límites de la monarquía, llegando por el sur hasta Saraguro, la tierra de los poco aguerridas paltas.

Más al sur, y ya en los términos del Perú actual, vivían las tribus de los huancabambas, cajas y cascayuncas, con las cuales, en aquel tiempo, estaban en paz todos los comarcanos.

Las tribus de los chonos, de los huancavilcas y de los punaes, pobladores de la costa, se mantenían también en paz con las de la sierra; pues la diversa temperatura era obstáculo poderoso para que los indios serraniegos descendiesen a la costa, y para que los moradores de ésta se atreviesen a guerrear con los serranos.

La paz de que gozaban entonces estas tierras y la unión que existía entre las diversas naciones que las poblaban, nacían del temor de los incas, que, con un poderoso ejército, se habían presentado ya en el sur, y se hallaban ocupados en hacer la guerra a los chachapoyas. Tupac Yupanqui, padre de Huayna Capac y abuelo de Atahuallpa, había llegado con sus armas victoriosas casi a los términos del Reino de Quito, y principiaba la conquista y reducción de los huancabambas, los más meridionales de sus aliados.

El Inca traía un ejército numeroso, aguerrido y bien disciplinado, por lo que le bastó presentarse para vencer; pues los huancabambas huyeron despavoridos a los montes y a los cerros, donde algunos se dejaron morir de hambre antes que sujetarse a la obediencia del Inca.

El triunfo sobre los paltas fue todavía más completo, porque ellos mismos se dieron de paz y pidieron ser incorporados al imperio de los incas. No obstante tanta docilidad, Tupac Yupanqui sacó algunos millares de ellos y los mandó lejos de su territorio a las provincias remotas del Collao, y pobló de mitimaes traídos de otras provincias la tierra de los paltas. Las fortalezas, que ellos habían preparado en las alturas de Saraguro, de nada les sirvieron, porque la presencia de las tropas del Inca en el valle les hizo comprender que era inútil toda resistencia.

Vencidos y sujetos los paltas, se aprestó el Inca para la conquista de la célebre nación de los cañaris. Eran estos indios numerosos, y estaban desde largo tiempo atrás apercibiéndose en silencio para la defensa de sus tierras y de su independencia: habían celebrado junta de todos sus régulos y elegido por jefe a Dumma, y tenían además a punto un ejército considerable.

Tupac Yupanqui conoció que no debía perder tiempo ni darles a los cañaris espacio para fortificarse más; precipitose, pues, con sus tropas y atacó a los enemigos, esperando vencerlos, si los tornaba de sorpresa; pero se equivocó, porque los cañaris estaban sobre aviso, y tenían ocupados todos los pasos difíciles. El combate fue, pues, reñido y el Inca retrocedió precipitadamente hasta Saraguro, conociendo que no era tan hacedera, como se había imaginado, la conquista de unas tribus tan astutas como belicosas. La derrota del Inca les infundió nuevo brío a los cañaris, y, combinando el valor con las estratagemas, se entendieron secretamente con los paltas, estimulándolos a deshacerse del Inca: empresa tan arriesgada acobardó a los paltas, y, después de consultar con sus hechiceros lo que debían hacer, resolvieron dar aviso a Tupac Yupanqui de la propuesta de los cañaris. El orgullo del hijo del Sol se sintió ofendido con semejantes intentos, y formó la resolución de no regresar al Cuzco sin haber sujetado primero a su obediencia a los cañaris. Pidió tropas de refuerzo a todo el imperio; y, mientras éstas le llegaban, se puso a construir muy de asiento una fortaleza entre los términos de los paltas y de los cañaris.

Sabiendo éstos los preparativos del Inca y viendo las obras o aprestos de guerra que había comenzado, cayeron de ánimo; y el vigor con que resistieron a la primera acometida, se trocó en desaliento. Comenzaron a discurrir sobre las ventajas de la paz y, al fin, concluyeron por enviar emisarios al Inca, encargados de ofrecerle la obediencia y sumisión a su imperio. Los cañaris tenían fama de hombres doblados y muy volubles, por lo que el Inca no se fió de ellos al principio, sino que tomó medidas para su seguridad y exigió, como una de ellas, que Dumma y los otros régulos entregaran a sus propios hijos en rehenes, lo que se verificó. Asegurado el Inca con esta medida, se puso en camino para la provincia del Azuay; pero antes de entrar en ella personalmente, hizo que se adelantara el jefe de su mayor confianza, para que le dispusiera alojamiento digno de su persona, y también para que sondeara el ánimo de los cañaris y descubriera si meditaban alguna traición.

Los cañaris recibieron al enviado del Inca con grandes agasajos, y en muy corto tiempo construyeron un palacio en que hospedar al nuevo soberano; y cuando éste se presentó, al fin, en sus tierras, le salieron al encuentro, dándole públicas y solemnes manifestaciones de acatamiento sincero y de fiesta y regocijo. Así terminó la conquista de los cañaris y la incorporación de su provincia al imperio de los incas.

Tupac Yupanqui se detuvo largo tiempo en la provincia del Azuay, mandó sacar un número considerable de sus naturales y llevarlos a la parte del Cuzco; hizo tender puentes en los ríos y dispuso la construcción de varios edificios, así religiosos como profanos, deseando captarse el afecto de los cañaris y tenerlos sujetos.

Para emprender la conquista del Reino de Quito, dio orden de que se construyeran dos fortalezas a este lado del Azuay: una en Achupallas, y otra en Pumallacta; hizo edificar en lo más agrio de la cordillera una casa de hospedería para la comodidad del ejército y sojuzgó, sin dificultad ninguna, a los abyectos quillacos, que vivían en el valle de Guasuntos y Alausí.

Eran los quillacos tan menguados y tan miserables, que vivían siempre temerosos, como dice el cronista de los incas, de que les faltara la tierra, el agua y aun el aire; y tan sucios y perezosos, que el Inca, para obligarlos al trabajo, les impuso el tributo de entregar cada cierto tiempo cañutillos de plumas llenos de los parásitos que se criaban en sus cuerpos desaseados.

Estando el Inca en la provincia de los paltas, recibió la embajada que le enviaban los huancavilcas de Guayaquil, felicitándole por sus triunfos y conquistas, poniéndose bajo su obediencia, e implorando su auxilio y protección contra los feroces régulos de la Puna, cuyas guerras y correrías los tenían desesperados. El Inca acogió a los embajadores con señales de mucha complacencia, y, después de colmarlos de agasajos, los despidió prometiéndoles que bajaría a la costa, así que terminara la conquista del Reino de Quito, en la que estaba entonces empeñado.

Parece que Tupac Yupanqui regresó al Cuzco, dejando para mejor ocasión la conquista de Quito; y que a los dos años la emprendió volviendo a la provincia del Azuay con un ejército muy crecido. Las tropas del Scyri y las del Inca se avistaron en las hondonadas del río que desciende desde Achupallas, y en reñidísimos combates se disputaron el paso, haciendo rodar de una y otra parte enormes piedras. Los pueblos de Sibambe, de Chanchan y de Tiquizambi habían caído ya en poder del Inca, y se habían entregado a su obediencia; por lo cual, abandonando el Scyri la defensa del paso del río, replegó todas sus fuerzas en Liribamba, capital de los puruhaes, donde tenía una muy buena fortaleza. Mandaba como general en jefe las tropas de Quito un tío de Hualcopo, duodécimo Scyri, llamado Epiclachima, hombre de ánimo esforzado y capaz de empresas atrevidas. Hizo frente al ejército de los peruanos en la llanura de Tiocajas, y allí perdió la vida en una batalla sangrienta, dando con su muerte el triunfo a los soldados del Inca.

Como el éxito del combate había sido para él tan ventajoso, no dudó Tupac Yupanqui del abatimiento y desolación de Hualcopo, y así le convidó con la paz, invitándole a deponer las armas y a someterse de buen grado a su imperio. Mas el Scyri rechazó con orgullo la propuesta, manifestando que sólo con la muerte perdería su reino y su independencia. Después de cortos días de tregua se continuaron, pues, las acciones de guerra y Tupac Yupanqui fue acercándose a Quito con grande dificultad, atacando las fortalezas de Mocha y de Latacunga, perdiendo gente y comprando a costa de mucha sangre la victoria. En esta ocasión llegó hasta la misma ciudad de Quito; pero no logró completamente su intento, porque en la provincia de Imbabura se mantuvo firme Hualcopo, cediendo terreno al vencedor, pero conservando con brío su corona.

Desde Quito Tupac Yupanqui dio la vuelta al Cuzco, dejando guarnecidas con gente del Perú varias fortalezas, levantadas en estas provincias para asegurar las conquistas que en ellas había verificado y mantener sumisos a los pueblos, que de muy mala gana habían doblado su cerviz al yugo extranjero.

Tupac Yupanqui fue uno de los Incas más poderosos: sus grandes hechos de armas, sus dilatadas conquistas pertenecen propiamente a la historia, y su personalidad misma se halla mejor caracterizada, destacándose, entre las figuras fabulosas de los incas, como un personaje verdaderamente histórico, y no como una entidad forjada por la imaginación de los indios y adornada con una grandeza moral poco verosímil. Este Inca fue quien principió en el territorio ecuatoriano la obra famosa de los dos grandes caminos que venían del Cuzco a Quito; también se atribuye al mismo Inca la institución de las postas o correos, establecidos en estas partes del mundo antes que se conociesen en Europa. Sagaz y advertido en su conducta, gustaba de ganarse el afecto de los vencidos, deponiendo las insignias reales y presentándose con el tocado y los arreos propios de cada nación, como si fuera un hijo nativo de ella. Ensanchó considerablemente los límites de su imperio, trayendo las armas victoriosas de los hijos del Sol hasta el punto donde la línea equinoccial divide al mundo en dos hemisferios.

II

Cargado de despojos y orgulloso con tantas victorias, regresó, pues, Tupac Yupanqui al Cuzco, donde fue recibido en triunfo, y obsequiado con grandes fiestas y regocijos; mas no pudo lograr mucho tiempo de su fortuna, porque murió poco después, cuando los numerosos pueblos que, por medio de conquistas, había agregado a su imperio, no estaban todavía acostumbrados a la sujeción ni habían renunciado al proyecto de recobrar su independencia, sacudiendo el yugo que el conquistador les había impuesto. Empero Tupac Yupanqui dejaba un hijo, heredero de su valor, émulo de su fortuna y destinado a levantar el imperio a un punto asombroso de grandeza y de prosperidad. Ese hijo era Huayna Capac, el mayor de los Incas y el más famoso entre todos ellos.

A los funerales de Tupac Yupanqui y al duelo de su corte se siguieron, en la capital del imperio, las ceremonias de la coronación del nuevo soberano.

Huayna Capac estaba ya en una edad vigorosa y había dado muestras de valor nada común, de habilidad para la guerra y de tino para el gobierno. Sin embargo, los comienzos de su reinado no auguraban prosperidad: varias provincias del imperio intentaban romper el yugo de los Incas y recobrar su independencia, y aún en la misma corte se tramaban conspiraciones que ponían en peligro no sólo el cetro sino hasta la vida del hijo y sucesor de Tupac Yupanqui. No obstante, de tal modo supo conducirse el nuevo monarca y tal maña se dio, que en breve tiempo logró ganarse la voluntad de sus principales vasallos, inspirándoles confianza en su valor personal y estimación por las prendas no comunes de que manifestaba estar adornado. Afianzado el gobierno en el Cuzco, se resolvió dar principio a la visita de las provincias del imperio, y emprender nuevas conquistas comenzando por la parte del sur.

En efecto, por ese lado las tropas de Huayna Capac, con el Inca en persona a la cabeza de ellas, llegaron hasta la frontera de los promaucaes en Chile; después, trasmontando la cordillera, descendieron casi hasta las llanuras de Mendoza en la República Argentina. Desde ahí se regresó el Inca al Cuzco, diciendo que había llegado al término de la tierra y que había visto donde acababa el mundo.

Recorrieron también los soldados del Inca el territorio de Tucumán y la mayor parte de las costas de Coquimbo y Atacama.

Después de tomar algún tiempo de descanso, se hicieron levas de gente, se aparejó un ejército considerable y, con una cantidad inmensa de vitualla y otras provisiones de guerra, salieron del Cuzco el Inca y sus generales, tomando el camino del norte para conquistar la tierra de la costa, llamada de los llanos, y para castigar y escarmentar a las provincias que se habían rebelado.

No hace a nuestro propósito referir lo que le aconteció al Inca en las provincias pertenecientes al Perú, y nos limitaremos a relatar únicamente lo que sucedió en el territorio del Ecuador.

Intentó Huayna Capac la reducción de los chachapoyas, que, a lo que parece, habían recobrado su independencia, y se entró por las tierras de ellos; mas con poca fortuna, pues los bárbaros fortificados en las breñas, resistían a las tropas del Cuzco y hacían burla del Inca, mostrándole desde lo alto sus vergüenzas y gritándole que se saliera de sus tierras. En los Bracamoros, la suerte le fue aun más adversa y se vio obligado a salir huyendo precipitadamente, pues los jíbaros le opusieron una resistencia tan tenaz y vigorosa, que Huayna Capac tuvo por más fácil huir de ellos que vencerlos. «Dejémoslos a estos rabudos -decía el Inca, (aludiendo a la pampanilla que los varones usaban para cubrir parte de su cuerpo)-, porque son indignos de ser nuestros súbditos»: sentencia jactanciosa, con que el hijo del Sol disimulaba la afrenta de su derrota.

En esta expedición probó el ejército de los incas su impotencia contra el valor indomable de las tribus salvajes, a quienes la aspereza de sus tierras, lo enmarañado de sus bosques, la insalubridad del clima y hasta la condición de sus ríos, vadeables solamente a nado, ponían a cubierto de la ambición que de avasallar todos los pueblos y enseñorearse de ellos incorporándolos a su imperio, tenían los monarcas del Cuzco. El indio de la sierra interandina caía de ánimo cuando tenía que guerrear con el salvaje, cuyas flechas enherboladas causaban necesariamente la muerte: los jíbaros las disparaban a mansalva, puestos en acecho entre la espesura de los bosques, desde donde herían sin poder ser heridos.

Más fácil fue no la reducción sino el castigo de los rebelados paltas: habían éstos alzado la obediencia al Inca y querían tomarlo de sorpresa y atacarlo en las gargantas de la cordillera, que forman uno como sistema de fortificaciones naturales en el territorio quebrado e irregular de la provincia de Loja. Enviaron, pues, algunos de los suyos, con el encargo de sorprender a Huayna Capac y asesinarlo. En efecto, los emisarios lograron penetrar hasta el campamento del Inca, fingiendo que andaban discurriendo por el camino para proveer de leña al ejército; mas no faltó quien los descubriera, por lo cual a unos les reventaron los ojos y a otros les cortaron las orejas y las narices, y así mutilados les hicieron regresar a sus pueblos. Aterrados los paltas con semejante espectáculo, se dividieron en pareceres contrarios, perdiendo en disputas el tiempo que debían emplear en su defensa; entre tanto Huayna Capac cayó sobre ellos, y, tomándolos desprevenidos, ejerció crueles venganzas y sumergió a esa triste nación en profundo abatimiento.

En la provincia del Azuay fue muy bien recibido, y detúvose allí largo tiempo, así por construir varios edificios grandiosos, como por gozar del buen temple de ella. Huayna Capac holgaba mucho de estar en esa provincia; pues, como había nacido en Tomebamba, sentía particular afecto a los Cañaris; y así ennobleció esas tierras edificando en Hatun Cañar aquel gran monumento, que ha sido y es todavía admiración de los viajeros. Y aun se asegura, con mucho fundamento, que para aquel regio edificio hizo traer piedras talladas desde el Cuzco, dando a entender con eso cuánto distinguía al lugar de su nacimiento.

Del Azuay vino como en triunfo hasta Quito, donde era esperado con grandes muestras de acatamiento y reverencia por Chalco Maita, indio principal, a quien Tupac Yupanqui había dejado por gobernador de estas provincias, dándole facultad de andar en litera a hombros de criados y de servirse de vajilla de oro, como el mismo soberano.

No obstante, la ambición de Huayna Capac no podía estar satisfecha, porque al norte, en la provincia de Imbabura, se conservaba todavía levantado el trono de los scyris, y las provincias meridionales apenas podían disimular, con festejos y aclamaciones, el sentimiento que les causaba la pérdida de su independencia.

Diremos en pocas palabras cuál era el estado del reino de los scyris, y los cambios que en él habían acontecido.

Vencido Hualcopo Duchicela por Tupac Yupanqui y ocupada Quito por las tropas del Inca, se vio el Scyri en la necesidad de retirarse al norte, donde se fortificó, fijando su residencia en Hatuntaqui, y haciendo de aquel lugar una plaza de armas. Pero el dolor de ver desmembrado su reino y la afrenta de las derrotas pasadas, sumieron a Hualcopo en tanto abatimiento, que falleció poco tiempo después, dejando su reino a Cacha, su hijo y sucesor, y también el último de los scyris.

La destrucción del reino de los caras y la conquista de las provincias del norte costaron algunos años de guerra a Huayna Capac; y aun podemos decir que no logró reducirlas completamente a su obediencia. Se dieron batallas sangrientas por una y otra parte, la vida misma del Inca estuvo en peligro alguna vez, y esos indios aguerridos y amantes de su independencia no se sometieron al yugo de los incas, sino cuando el exterminio de la tribu de los caranquis les puso en el extremo de rendirse temporalmente.

En la batalla dada en las llanuras de Hatuntaqui pereció el último de los scyris, pero los restos de sus tropas se refugiaron en Caranqui, y allí, por largo tiempo, sostuvieron con Huayna Capac una guerra tenaz y obstinada. El Inca se vio obligado a combatir con la tribu de Cochasquí y con las de Cayambi y Guachala aliadas para la defensa común; y la última acción con los cayanquis fue tan reñida y sangrienta, que por los cadáveres arrojados al lago, en cuyas orillas se habían fortificada aquéllos, las aguas se tiñeron en sangre: una vez declarada la victoria en su favor, Huayna Capac no puso término a su venganza, e hizo pasar a cuchillo a todos los varones capaces de tomar las armas.

El lago apareció entonces a la vista de los indios como un mar de sangre, y aterrados le apellidaron Yahuarcocha, nombre con el cual se conoce hasta ahora.

Se cuenta que Huayna Capac hizo venir a su presencia a los huérfanos de los desventurados caranquis, y que enfurecido les dijo: «¡Muchachos! ¡Ahora hacedme la guerra!»...

No obstante, las tribus imbabureñas y las moradoras de los extensos valles de Cayambi y Puembo se manifestaron rehacias a la dominación de los incas; y, para mantenerlas sujetas, se vio precisado Huayna Capac a construir fortalezas y poner guarniciones en ellas.

Pacificadas algún tanto las tribus de Imbabura, juzgó el Inca muy oportuno avanzar la conquista hacia el norte y llevó sus armas hasta Pasto, venciendo y sujetando a su obediencia a los quillasingas, pobladores de lo que ahora conocemos con el nombre de Tulcán y territorio de Pasto. Por el lado del norte quedó de este modo fijado en el río de Angasmayo el límite del imperio; restaba solamente afianzar la conquista de las provincias de la costa, empezada por Tupac Yupanqui.

Este Inca redujo las provincias de Paita y de Túmbez, y mandó a la de Guayaquil algunos indios principales de su ejército para que instruyeran a los Huancavilcas en las leyes y modo de vivir de los incas. Sea que los enviados se hiciesen odiosos, sea que los Huancavilcas se arrepintieran de su primera resolución de someterse a los soberanos del Cuzco, lo cierto es que mataron a los comisionados del Inca, y, con ese hecho, manifestaron que habían cambiado completamente de ánimo en punto a la obediencia a una autoridad extraña. Huayna Capac descendió a Túmbez y allí recibió una embajada de Tumbala, régulo principal de la Puna, que le rogaba que pasara por algunos días a su isla, donde quería tener la honra de recibirlo y hospedarlo, como la grandeza del hijo del Sol lo merecía. Accedió el Inca y fue recibido, en efecto, con el mayor aparato, y agasajado y festejado con señales, al parecer, de la más sincera amistad y adhesión a su persona. Hospedáronle en un palacio aderezado ricamente para recibirlo, y todo fue risas y contento, festejos y alegría, mientras el regio huésped permaneció en la isla. Llegado el día de la vuelta al continente, comprendió Huayna Capac cuán calculada había sido la perfidia y cuán bien disimulada la traición que preparaba el pérfido régulo de la Puna.

Pasó el Inca a Túmbez en una balsa, guiada y gobernada por los remeros de la isla: seguía al Inca lo más selecto y escogido de su ejército, embarcado asimismo en balsas; mas de repente, cuando los orejones estaban más descuidados, desbarataron los isleños las balsas en medio del golfo, con lo cual la mayor parte de los soldados del Inca se ahogó, y otros fueron muertos a palos por los traicioneros indios de la Puna, que, acostumbrados a surcar el mar desde que nacían, se burlaban de la furia de las olas y discurrían a nado de una parte a otra, para acabar a golpes con los miserables incas, que bregaban desesperados, ansiando salir a la orilla y salvar sus vidas.

Los de la Puna se habían puesto de acuerdo con los de tierra firme para no dejar escapar con vida ni a uno solo de los incas. Cuando Huayna Capac supo lo acontecido con sus orejones, lo sintió profundamente, y concibió al punto la idea de vengar la injuria y castigar la traición, escarmentando a los fementidos isleños. Juntó, pues, un muy respetable ejército; y, auxiliado por los tumbecinos enemigos mortales de los de la Puna, invadió la isla, logró tomar puerto con grande trabajo y pasó a cuchillo a los indios principales que pudo haber a las manos.

Para castigar a los Huancavilcas, cómplices de la traición, les mandó que en adelante se arrancaran cuatro dientes de la mandíbula superior: ellos, por una superstición religiosa, se sacaban antes dos, y el Inca los condenó a sacarse otros dos más, afrentándolos de ese modo con afearles las bocas por traicioneros.

Dispuso también que se trabajara una calzada de piedra en la orilla derecha del río, la que, en efecto, se fabricó en un largo trecho: pensaba además poner un puente, pero desistió de ese empeño, viendo la anchura del cauce y el oleaje de las aguas cuando sube la marea. Apenas podía disimular Huayna Capac el enojo y el sentimiento que le causaba la pérdida de la flor de su ejército; y con el Inca se dolían a una todos sus soldados, lastimándose de la mísera suerte de sus compañeros; pues, según las creencias religiosas de los peruanos, no gozaban de reposo las almas de aquellos cuyos cuerpos carecían de sepultura.

Para mejor asentar su dominación en la costa, recorrió el Inca la provincia de Manabí y la de Esmeraldas; y aun bajó hasta las tierras del Chocó, cuyos moradores le parecieron tan salvajes y tan degradados, que no quiso ni intentar siquiera la empresa de conquistarlos.

Ya Tupac Yupanqui, padre de Huayna Capac, había hecho antes una expedición a la costa, trasmontando la Cordillera occidental de los Andes por Pululagua y saliendo al río de Baba, que desemboca en el de Guayaquil; también había recorrido la provincia de Manabí, desde uno de cuyos cerros elevados se cuenta que conoció el mar, y aun se añade que se embarcó en balsas y que arribó a ciertas islas desconocidas.

Se refiere además que en esas islas encontró hombres negros, y que trajo de ellas unas pieles de ciertos animales, tan grandes como caballos. Pero, ¿son ciertas estas cosas? ¿Hasta qué punto se ha mezclado en estas tradiciones la verdad con la fábula? No es posible discernirlo.

En tiempo de Huayna Capac la monarquía de los incas llegó a su mayor grado de prosperidad y engrandecimiento: por límites tenía, al Occidente las aguas del Pacífico, desiertas y solitarias entonces, y para los indios supersticiosos hasta llenas de misterios; por el Oriente circunscribía al imperio la cordillera de los Andes, pues las armas de los incas no lograron nunca avasallar completamente a las tribus que habitaban en los bosques, regados por los tributarios del Amazonas; por el norte se dilataba hasta las llanuras de Pasto, y por el sur llegaba hasta la frontera de los araucanos: comprendiendo, en una tan inmensa extensión de territorio, naciones y tribus de lenguas, religiones y costumbres muy diferentes.

III

Nos detendremos un momento en describir, de una manera rápida, cuál era la situación de los pueblos que componían el imperio en tiempo de Huayna Capac.

Los indios, en la lengua del Cuzco, apellidaban al conjunto de pueblos de que estaba formado el imperio de los hijos del Sol, con el expresivo nombre de Tahuam tin suyo o las cuatro partes del mundo, lo habitado en dirección hacia los cuatro puntos cardinales del horizonte. Con semejante expresión daban a entender que en todas las direcciones que podía tomar un caminante vivían gentes sometidas a la obediencia de los monarcas cuzqueños. En efecto, como lo hemos dicho antes, las armas victoriosas de los hijos del Sol habían extendido los límites de sus estados a un lado y otro de la línea equinoccial, hasta los confines de Chile hacia el sur, y hasta el río Mayo por el lado del norte, en Colombia; de tal modo que, el reino de Huayna Capac comprendía toda la extensión de la América Meridional ocupada al presente por las cuatro repúblicas de Chile, de Bolivia, del Perú, del Ecuador y parte de Colombia.

Muy cierto es que el último término de la grandeza y de la prosperidad es el principio de la decadencia y el comienzo de la ruina de las naciones. Verificose así con el imperio de los incas: llegó a su mayor grandeza, y se hundió en una completa ruina.

El imperio no tenía unidad perfecta ni armonía natural: sus partes eran muy diversas y se conservaban adheridas unas a otras por vínculos artificiales, que más tarde o más temprano habían de acabar por romperse, produciendo la disolución completa de aquel enorme cuerpo social, formado artificialmente. Eran innumerables las naciones que lo componían, diversas en usos, costumbres y supersticiones religiosas: habían vivido muchas de ellas en guerras perpetuas y encarnizadas y se odiaban con odio irreconciliable; otras, habituadas al aislamiento, se hallaban mal avenidas con la nueva organización política, que contrariaba sus antiguos sentimientos y modo de vivir. Los indios aman mucho el lugar en que han vivido sus mayores, y los mitimaes, transportados por la fuerza a tierras distantes, echaban de menos los sitios en que habían nacido y donde estaban los huesos de sus antepasados: los caciques gemían en silencio, viéndose sujetos a los orejones, en las mismas tierras y en los mismos pueblos gobernados antes por ellos como señores absolutos; y anhelaban por echar de sobre sí el yugo de la dependencia y recobrar la perdida soberanía.

El gobierno, por su parte, trabajaba por fundir y amoldar el cuerpo del imperio, reduciendo todos esos elementos diversos a una forzada y difícil unidad: extinguía los idiomas nativos y obligaba a aprender y a hablar el idioma quichua, que era el del Cuzco; violentaba en todas partes a los pueblos vencidos, haciéndoles aceptar el culto y las prácticas religiosas de los hijos del Sol y estableciendo en todas partes templos, colegios de sacerdotes y tierras de labranza para la nueva divinidad, para el dios de la corte y de la familia y raza imperial. La religión del gobierno tenía culto y ceremonias oficiales; pero los ídolos de la tribu vencida eran servidos por sus antiguos adoradores, con tanta mayor devoción cuanto más oscurecidos los tenía la religión oficial, pues las creencias religiosas no se desarraigan sino a la larga y con sumo trabajo.

Como medida de gobierno para conservar en la obediencia y sujeción a las naciones vencidas; solían los incas establecer colonias militares formadas de la tropa fiel del Cuzco: estas colonias, domiciliadas en muchos puntos del imperio, contribuían además a generalizar el conocimiento de la lengua quichua y a difundir las ideas de orden y de armonía, que eran las bases del sistema de gobierno de los incas, en el cual todo estaba sometido a reglamentos minuciosos, desde la marcha de los ejércitos en tiempo de guerra hasta la hora de comer y de descansar las familias en el hogar doméstico.

Los dos famosos caminos que cruzaban de un extremo a otro todo el territorio sometido al imperio, poniendo fácilmente en comunicación con la capital hasta a las más remotas provincias, hacían muy expedita la acción del gobierno, oportuna, la administración de justicia y temible la vigilancia de las autoridades. Verdad es que en tiempo de los incas nadie viajaba por puro gusto; pues el comercio se practicaba entre una provincia y otra, yendo de cuando en cuando los de la sierra a los llanos en busca de sal, de conchas y de otros productos, y permutándolos con lana o pieles; o viniendo los de la costa para proveerse en estas partes de granos y de piedras de obsidiana que empleaban en usos diversos, así domésticos como religiosos. Los que viajaban entonces eran: primero, los ejércitos en tiempo de campaña; y segundo, los mitimaes o colonos forzados que, en ciertas ocasiones, se ponían en marcha, emprendiendo en grupos numerosos su viaje de traslación, perpetua a otros lugares. Viajaban también los peregrinos que acudían en romería a los adoratorios famosos de ciertos ídolos muy venerados, como Pachacamac en el Perú, y Umiña o la Esmeralda milagrosa en las costas de Manta en el Ecuador. Viajaban, en fin, con mayor frecuencia los soberanos acompañados de su familia, de su servidumbre y de la tropa que los escoltaba, y para estos viajes se habían hecho labrar de propósito los dos grandes caminos, el de la sierra que iba por la Cordillera oriental, y el de los llanos, que seguía la dirección de la costa.

Una de las medidas más importantes, que tenían puestas en práctica los incas para el mejor gobierno de sus pueblos, era el establecimiento de correos o postas, encargados de trasmitir con la mayor celeridad las órdenes del soberano hasta a los puntos más retirados del imperio. Institución notable y muy digna de una nación civilizada: en esto los incas se habían adelantado a todos los monarcas de Europa en aquella época.

Otra institución propia del gobierno previsivo de los incas era la de las hospederías o casas de posada, llamadas tambos, construidas de jornada en jornada en entrambas vías reales. En esas casas tenían almacenados víveres, pertrechos de guerra, vestidos e instrumentos de labranza, en cantidades enormes. El numeroso cortejo que acompañaba al soberano, los cuerpos de tropa que formaban su escolta y los ejércitos que marchaban a la campaña en tiempo de guerra, todos encontraban siempre en los tambos aparejado cuanto habían menester, desde la sandalia rústica para el simple soldado, hasta el arnés de oro bruñido para los jefes de la familia imperial. De un extremo a otro del imperio, del Maule que se arrastra al Mediodía, hasta el caudaloso Mayo al norte, en ochocientas leguas de extensión, las postas o correos llevaban la voluntad del soberano y la hacían ejecutar al momento.

Puentes levantados sobre todos los ríos facilitaban las comunicaciones y contribuían a la comodidad de viajeros y transeúntes; y la severidad con que se ponían por obra todas las disposiciones del soberano, por rigurosas que fuesen, daba mayor estabilidad a la paz, que reinaba en todo el ámbito del imperio.

En efecto, Huayna Capac había puesto término a las conquistas, las guerras habían cesado hacía algunos años, todas las provincias estaban tranquilas, y el monarca era no solamente obedecido, sino acatado y hasta venerado como una especie de divinidad por todos sus súbditos. De las dos ciudades más célebres de su inmenso imperio, Huayna Capac había preferido a Quito y hecho en ella su residencia ordinaria, por casi treinta años continuos, hermoseándola con edificios suntuosos según el gusto y usanza de los incas. Quito había, pues, venido a ser, en los últimos años de la vida de Huayna Capac, la verdadera corte del imperio, sin que la remota Cuzco perdiera nada de su opulencia ni de su carácter sagrado, como predilecta del Sol y cuna de la dinastía celestial de los incas. Al Cuzco iban las romerías de los devotos; en el Cuzco estaba la espléndida casa del Sol, el templo de Coricancha, y en su ancha plaza, era donde todos los años solían los descendientes de Manco encender con la lumbre del astro del día el fuego nuevo, símbolo de no sé qué misteriosa renovación del mundo, según las creencias de las naciones americanas.

Quito era como la segunda capital del imperio, y Huayna Capac gustaba de permanecer aquí más tiempo que en el Cuzco. El anciano Inca resolvió hacer una visita a sus estados y regresar al cabo de largos años a la ciudad de sus mayores, y se dispuso la marcha de la real comitiva con todo el aparato y comodidad que en esas circunstancias fueron posibles. Mas, cuando Huayna Capac estaba descansando en su regio palacio de Tomebamba, llamado ahora Ingapirca, en las cercanías del pueblo de Cañar, le llegaron noticias de la costa, avisándole que habían aparecido otra vez aquellos hombres misteriosos, blancos, barbados, que andaban por el mar en grandes barcas, recorriendo a lo largo las costas del imperio y tomando tierra en algunos puntos. Esos extranjeros desconocidos eran Pizarro y sus compañeros, que en su viaje de descubrimiento y de exploración de las costas del Perú habían desembarcado primero en la bahía de San Mateo y después en Túmbez. Huayna Capac oyó con atención la noticia, y averiguó con curiosidad cuántas circunstancias le parecieron necesarias para descubrir el significado de un acaecimiento tan inesperado, tan sorprendente y al parecer tan misterioso. Díjosele que los extranjeros habían continuado su navegación siguiendo por varios días hacia el sur, que habían regresado luego, que habían sido muy obsequiados en todos cuantos pueblos habían visitado, y que, por fin, tomando mar abajo habían desaparecido por el norte, advirtiendo que regresarían pronto.

Púsose también en conocimiento del monarca, que en la ciudad de Túmbez se habían quedado dos de aquellos extranjeros: manifestó deseo de conocerlos y de verlos con sus propios ojos, y dio orden para que se los trajeran. En efecto, los dos españoles fueron enviados a Huayna Capac por el curaca de Túmbez; pero, cuando los estaban trayendo acá a Quito, adonde había regresado el Inca enfermo, supieron que éste había muerto y los mataron al punto en el camino. Tal fue, según la narración más probable, el fin de los desgraciados españoles, a quienes Pizarro les permitió quedarse en Túmbez.

La que Huayna Capac recibió en Tomebamba, era ya la tercera noticia que circulaba entre los indios acerca de la aparición de extranjeros desconocidos en las costas del Perú: la primera fue, cuando los viajes de exploración que practicó el adelantado Vasco Núñez de Balboa; repitiose segunda noticia con ocasión de la llegada del piloto Ruiz a las playas ecuatorianas en la provincia de Esmeraldas, cuando tocó allí la primera vez; la tercera noticia fue ésta, que el Inca recibió en su palacio de Tomebamba. La aparición de los extranjeros había hecho profunda impresión en el ánimo asustadizo y supersticioso de los indios ¿qué querían esos desconocidos? ¿de dónde habían asomado? ¿sería posible estorbar su vuelta?... He aquí que se presentaban ya por tercera vez: su número era mayor; su audacia sorprendente, su valor indomable; manejaban armas terribles y se manifestaban resueltos a adueñarse de las tierras que iban descubriendo. Aunque Huayna Capac había oído la noticia de la aparición de los extranjeros con calma y serenidad, no obstante, su ánimo había quedado al escucharla hondamente impresionado: era ya ésta la segunda vez que durante su reinado había recibido semejante noticia; si en la primera ocasión no había dejado de temer algunas calamidades para su reino con la vuelta de aquellas gentes desconocidas, en la segunda conoció que la catástrofe no podía menos de ser inevitable.

Reflexionando Huayna Capac sobre todas las circunstancias de un suceso tan inesperado, apoderose de su corazón la melancolía: decayó de ánimo, púsose taciturno y meditabundo y, al fin, se sintió gravemente enfermo. Tan honda era la impresión que en el espíritu del Inca había causado la llegada repentina de aquellas gentes advenedizas, que, un día, mientras estaba solo en el baño, su exaltada imaginación se excitó tan vivamente, que le pareció tener delante un fantasma, en cuyos rasgos extraordinarios se le representaban los hombres blancos y barbados, que tan preocupado le traían... El Inca dio gritos, acudieron las gentes de la regia servidumbre, divulgose el hecho y la consternación cundió por todas partes.

Ya Huayna Capac no quiso continuar su viaje al Cuzco, y de la célebre provincia de Tomebamba dispuso que lo regresaran a Quito: así se hizo, y en esta ciudad falleció poco después, consumido de melancolía.

El monarca espiraba temiendo que esa ligera nubecilla, que había visto asomar en el horizonte, se convirtiera en tempestad devastadora para su raza y sus tristes pueblos, y en verdad, que su previsora sagacidad no le engaitaba.

Acontecio la muerte de Huayna Capac en mes de diciembre, y tan fatal suceso tornó en duelo, en llantos y en desolación las alegrías y regocijos con que estaban celebrando en todo el imperio la fiesta del Raymi o baile solemnísimo por el florecimiento de las sementeras de maíz, que en aquellos días suelen ostentarse verdes y lozanas. Los cantares festivos se cambiaron en fúnebres lamentos; las danzas de júbilo, en ceremonias de duelo. Años después, cuando los pobres indios contaban a los hijos de los conquistadores los acaecimientos del tiempo pasado y la historia de sus reyes Incas, todavía se acordaban de esta triste coincidencia y se ponían a lamentar.

El cadáver de Huayna Capac fue embalsamado para trasladarlo al Cuzco: su corazón, por disposición terminante dada por el monarca poco antes de morir, se colocó en un vaso de oro y se guardó aquí en Quito, en el templo del Sol. La ciudad de su residencia predilecta quiso que fuese la depositaria de su corazón: ¿no es verdad que en este hecho, en esta disposición testamentaria de Huayna Capac, en este legado del último Inca hay una cierta delicadeza de sentimientos muy ajena de un rey bárbaro?

Tan grande fue el pesar que la muerte del más famoso de los incas causó en todos los puntos del imperio, que más de mil personas se sacrificaron voluntariamente, deseando ir a servir y acompañar a su amado soberano en la misteriosa región de los muertos. Los funerales duraron muchos días de seguida, y por el espacio de un año, en cada luna nueva, se renovaban los llantos, los gemidos y todas las demás ceremonias acostumbradas en semejantes casos.

La traslación del regio cadáver al Cuzco fue una fiesta mortuoria no interrumpida: de todas partes acudían los indios en tropel al camino real, para incorporarse al cortejo fúnebre y seguir por varias jornadas, dando alaridos lastimeros y repitiendo en tristes endechas las hazañas del Inca difunto. Más bien que señales de duelo parece, pues, que debían llamarse públicas manifestaciones de culto religioso las que tributaban los indios al cadáver de Huayna Capac. En el Cuzco no le dieron sepultura como a todos los demás Incas sus antepasados, sino que lo colocaron en el mismo templo del Sol, de pie delante de la imagen de la divinidad, tutelar de su raza. Allí se conservó hasta la entrada de los españoles en el Perú; pues entonces, temiendo los indios algún desacato contra los restos de su Inca, los escondieron y tuvieron ocultos por largos años: descubiertos después, fueron conducidos a Lima, y el arzobispo Loaysa los mandó sepultar en uno de los patios del hospital de San Andrés.

Huayna Capac alcanzó a reinar casi por más de medio siglo: fue el más poderoso de los Incas, y el más afortunado; llevó sus armas victoriosas hasta los últimos términos de su imperio paterno, y en guerras tenaces y obstinadas venció a las tribus que intentaban sacudir el yugo de los monarcas del Cuzco; acometió a otras naciones limítrofes, guerreó también con ellas, salió vencedor en muchos combates y logró ensanchar los límites de sus estados enormemente, pues la conquista del reino de los scyris y de todas las otras tribus esparcidas en tierra ecuatoriana al otro lado de la línea equinoccial, equivalía por sí sola a la adquisición de una extensa monarquía. Los muros de piedra de los palacios y reales posadas de Huayna Capac, que todavía se conservan en pie, así al norte en los términos del Carchi, como al Mediodía en las mesetas de la cordillera de los Andes, que separa a Chile de la República Argentina, son señales de la grandeza del imperio del último de los Incas. Un imperio más vasto que el de Huayna Capac no lo ha habido en América; y la Historia hace mención de muy pocos que con él en extensión se puedan comparar.

De ingenio agudo y perspicaz, de ánimo esforzado y constante; generoso, magnánimo, inclinado a la clemencia, pero fácil para encenderse en ira, ejercía algunas veces venganzas sangrientas; gustaba de observar los fenómenos naturales y el espectáculo de los cielos, principalmente en las noches estrelladas y serenas, lo cual le granjeó entre sus súbditos la fama de astrólogo o adivinador de lo futuro; grave en el andar, medido y corto en palabras, cuidadoso de manifestar en todo señorío y majestad, era amado de sus vasallos y servido con reverencia y temor. Había reflexionado sobre la regularidad de los movimientos del sol y deducido de ahí la existencia de un Ser superior, a cuya voluntad debía necesariamente estar sometido aquel hermoso astro: es como un llama atado a un poste, decía; pues no puede moverse sino en un círculo determinado y siempre de la misma manera.

En su conducta con las mujeres guardaba una cierta galantería, digna de un soberano civilizado: cuando una mujer se le presentaba para pedirle un favor, la acogía benignamente y poniéndole su mano derecha sobre el hombro, le decía: hija, se halla lo que pides, si era joven; señora, se hará lo que deseas, si era casada; madre, se hará lo que mandas, si era anciana.

De estatura más bien pequeña que alta, enjuto de carnes, pero robusto; en sus músculos bien desarrollados y en lo voluminoso de sus huesos manifestaba el vigor de su complexión natural: merced a la poligamia establecida entre los incas y hasta recomendada por sus supersticiones religiosas, Huayna Capac se desposó con muchas mujeres y de ellas tuvo una descendencia numerosa, apellidada la familia o ayllo de Tomebamba.

IV

Después de la guerra con los caranquis, vencido y muerto el último Scyri, parecía que el triunfo de Huayna Capac era completo y que su dominación sobre el Reino de Quito quedaba asegurada definitivamente; mas no sucedió así, pues los jefes del ejército quiteño y los grandes del reino se congregaron en asamblea y proclamaron por soberana de Quito y legítima heredera del cetro de los scyris a Pacha, joven princesa, de pocos años de edad, hija única del último Scyri. Este hecho le causó no poca sorpresa a Huayna Capac; pero su natural sagacidad le sugirió al momento el arbitrio de que podría valerse para calmar los ánimos y captarse la voluntad de los aguerridos quiteños, haciéndoles sin violencia deponer las armas y someterse a su imperio. Publicó, pues, que estaba determinado a casarse con la princesa, hija y heredera del Scyri difunto; pidió la mano de la joven y se desposó con ella, celebrando con grandes fiestas y regocijos su regio enlace. Pacha no era de la raza divinizada de los incas del Cuzco, pero corría por sus venas la no menos ilustre sangre de los scyris soberanos de Quito. Huayna Capac, más que por la conquista, por su matrimonio con Pacha, llegó pues a ser señor del Reino de Quito: ya no fueron solamente sus victorias, sino las mismas leyes de la monarquía quiteña las que le dieron derecho a la corona de los scyris, como esposo legítimo de la única heredera del reino.

El Inca amó con pasión a la princesa quiteña: ésta con sus prendas naturales supo ganarse la voluntad del monarca, y el cariño consumó en breve un matrimonio arreglado en un principio tan sólo por los cálculos egoístas de la política.

Huayna Capac a la borla carmesí con que llevaba ceñida su frente, como monarca del Cuzco, añadió la esmeralda, distintivo de la dignidad real entre los scyris, colgándola de un hilo de oro, cual la habían solido llevar los antiguos reyes de Quito. La fortuna se le mostraba favorable, halagándole cada día con más prósperos sucesos, uno de los cuales fue para el Inca el nacimiento de Atahuallpa, que vino a apretar más el vínculo de cariño que unía al soberano del Cuzco con la hija de los scyris. Bien pronto las gracias infantiles del niño cautivaron más y más el corazón del padre: Atahuallpa era despierto de ingenio, ágil, expedito y de memoria feliz; se mostraba animoso y resuelto, presagiando en los entretenimientos de la niñez las aficiones guerreras de que dio prueba más tarde en la edad madura. Huayna Capac gustaba de tenerlo siempre a su lado, haciéndole comer en su mismo plato y enseñándole, en persona por sí mismo, todas aquellas cosas que constituían la educación de los príncipes en la corte de los señores del Cuzco. ¡Si lo hubiera pensado el desventurado Inca!... ¡Tan felices principios no auguraban tan aciagos fines!

En el espacio de algunos años hizo Huayna Capac dos viajes desde Quito al Cuzco: el primero, poco tiempo después de nacido su predilecto Atahuallpa; y el segundo, en lo postrero de su vida, cuando se vio obligado a regresar desde la provincia de Tomebamba a esta ciudad, donde, como lo hemos referido ya, falleció no mucho después de su llegada.

Sintiéndose próximo a morir, convocó a todos los grandes de su corte, y, en presencia de ellos, otorgó su testamento a estilo y usanza de los incas, declarando que constituía por heredero del imperio del Cuzco a su primogénito Huáscar, hijo de la Coya, su hermana y esposa legítima, dejándole todas cuantas provincias habían poseído sus antepasados; y por heredero del Reino de Quito a Atahuallpa, a quien le señaló todo cuanto habían tenido los scyris, sus abuelos maternos.

El testamento de Huayna Capac fue la causa de la futura ruina del imperio y el principio de sus desgracias: si el Inca lo hubiera dispuesto con mayor provisión política y menos amor de padre, lo habría dejado indudablemente íntegro al que hubiese tenido por el mejor entre sus hijos. Muerto Huayna Capac, el imperio se descompuso, y las guerras civiles entre los dos príncipes herederos del Inca, debilitando bajo todos respectos las fuerzas de la nación, contribuyeron poderosamente al fácil triunfo de los conquistadores castellanos. ¡Pobres indios! A Tupac Yupanqui le apellidaron padre espléndido; y a Huayna Capac, mozo rico, pero no en bienes materiales, sino en prendas del ánimo; y cierto que estos dos célebres reyes manifiestan a todo el que considere las cosas desapasionadamente hasta qué punto de grandeza moral podría levantarse la raza indígena, si le fuera dado salir de ese abismo de abyección, en que desde la conquista yace sumida.

CAPÍTULO III

I

Para que el estudio histórico que vamos a hacer de las antiguas naciones o tribus indígenas, que poblaban las provincias del Ecuador antes de la Conquista, nos conduzca a resultados ciertos y seguros, es necesario distinguir, con mucho cuidado, las dos clases de civilizaciones indígenas que existieron en estas comarcas: la civilización que llamaremos nacional o de los aborígenes ecuatorianos, y la civilización extranjera o peruana, traída por los incas a estos territorios y planteada y sostenida aquí por los hijos del Sol. La una civilización, la indígena, tiene varios aspectos o condiciones diversas, y se puede clasificar en tantas especies cuantas eran las naciones que conquistaron y avasallaron los incas en el Ecuador, desde Huancabamba hasta Angasmayo, y desde Cayambi hasta Esmeraldas. Por esto, cada nación debe ser estudiada por separado.

La civilización incásica fue traída al Ecuador por los soberanos del Cuzco, y desde la época de las primeras conquistas del inca Tupac Yupanqui en la provincia de Loja, hasta la entrada de los españoles en Quito duró como unos cien años, poco más o menos. A pesar de la firmeza con que los incas solían llevar a cabo la enseñanza de sus leyes, de su religión, de sus costumbres y hasta de su misma lengua en las naciones que ellos conquistaban, es imposible que hayan conseguido abolir completamente en el Ecuador la antigua civilización indígena, la primitiva civilización de los aborígenes. Esto es tanto más digno de consideración, cuanto nunca lograron los incas establecer definitiva y absolutamente su dominación sobre todas las naciones del Ecuador. En las tribus de Caranqui y de Cayambi no la establecieron completamente, a pesar de los castigos sangrientos que hicieron en ellas; en las tribus de los chonos no echó raíces duraderas; entre los de la Puna indudablemente no llegó a establecerse nunca; y los cañaris conservaron, a lo que parece, su original y variada civilización. ¿La recibieron completamente y se amoldaron a ella los indómitos puruhaes? ¿Hasta qué punto llegaron los incas a modificar el carácter, la índole y las costumbres de los paltas y huancavilcas, de los chimbos y quillasingas? Problemas históricos son éstos, que ofrecen ancho campo de investigación a la arqueología, a la filología y a las de más ciencias auxiliares de la Historia; pero, por desgracia, los materiales, que debían servir para esos estudios, no solamente son escasos, sino que faltan completamente respecto de la mayor parte de las naciones indígenas del Ecuador.

La misma civilización de los incas no ha sido hasta ahora bien conocida, y la manera cómo influyó sobre las demás naciones sujetas a los monarcas del Cuzco, se ha solido examinar desde puntos de vista poco a propósito para descubrir la verdad. Se ha dado por cierto y se ha admitido como un hecho indudable, que todas las naciones conquistadas por los incas se hallaban en un estado de profunda abyección, de barbarie y hasta de salvajismo, del cual fueron sacadas por los hijos del Sol. De aquí ese carácter de cruzada civilizadora, con que se suelen describir las guerras y conquistas de los incas. Pero, en las naciones conquistadas por éstos, ¿no había, acaso, algunos elementos de civilización más excelentes que los que poseían los descendientes de Manco Capac? El sistema de los incas, impuesto a la fuerza a algunas naciones indias, ¿contribuyó siempre a mejorar el estado social de ellas? ¿No sucedería, tal vez, que en esas guerras de exterminio de que tenemos ejemplos en la historia de los incas, arrancaran éstos de raíz civilizaciones nacientes o ya avanzadas, en las que había no pocos elementos de vida para los pueblos exterminados?... Resta saber, por otra parte, si los incas no recibieron a su vez, como sucedió con los romanos y los griegos, la influencia de los pueblos que conquistaron. Acaso un día la crítica histórica se verá obligada a rehacer por completo la historia de las antiguas naciones indígenas de la América Meridional.

Procuremos trazar con breves rasgos un cuadro o mejor dicho un ligero bosquejo del estado de civilización, en que se encontraban las naciones indígenas que poblaban el territorio de nuestra República antes de la Conquista. Esa civilización apenas comenzaba para algunas; en otras presenta caracteres notables que la hacen muy digna de atención.

Principiemos por los scyris.

Scyri es palabra de una lengua desconocida, y significa señor o rey, como el término Inca en el idioma de los quichuas.

Ésta era, por lo mismo, una expresión de dignidad, con que designaban al jefe, al superior de todos, al rey de la nación.

En cuanto a la colectividad de la tribu o raza de los scyris, ella se daba a sí misma el nombre de cara, por lo cual las gentes que la componían se conocen en la historia con el apellido de Caras, palabra que, a lo que se pretende, quiere decir hombres o varones por excelencia.

La historia de los Caras en el Ecuador se reduce toda a solo tres hechos: su llegada a las costas de Occidente, la conquista que hicieron del Reino de Quito y sus guerras con los incas. Respecto a su manera de gobierno, a sus creencias y prácticas religiosas, a sus leyes, artes, usos y costumbres, muy poco o casi nada es lo que sabemos.

Adoraban al Sol, como a su primera divinidad visible, a la Luna y a las estrellas. Al Sol le edificaron un templo en la cima del Panecillo, cerro de figura perfectamente cónica que se levanta aislado a la parte meridional de Quito: también a la Luna le edificaron otro templo en la eminencia opuesta hacia el lado del norte; pero se ignora completamente cuáles eran la forma, las dimensiones y los materiales de esos templos, ni se puede conjeturar bajo qué imágenes representarían a los dos astros en los santuarios que les estaban dedicados.

Los sacrificios que en ellos se ofrecían eran de frutos de la tierra, de flores del campo y de animales, aunque no nos faltan fundamentos razonables para conjeturar que los altares de los caras eran ensangrentados con víctimas humanas. De la tribu de los caras establecidos en Caranqui lo asegura Garcilaso terminantemente.

No se sabe si adoraban otras divinidades, ni cuáles eran las prácticas de su culto.

Su sistema de gobierno era monárquico absoluto hereditario, aunque templado por la aristocracia, pues los nobles y grandes del reino eran consultados por el Scyri en los asuntos graves y aun tomaban parte en la elección de soberano, porque mientras los grandes y principales de la nación no reconocían al soberano, no tenía éste el derecho de reinar. La corona pasaba por sucesión legítima a los varones; y, a falta de hijo varón, debía heredar el hijo de la hermana del Scyri. Esta ley se observó hasta el tiempo del undécimo Scyri, quien la derogó para constituir heredera del reino a Toa, su hija única.

En punto a costumbres, los caras practicaban la poligamia: a los scyris les era lícito tener cuantas mujeres querían, y lo mismo a los curacas o jefes de las tribus: por lo que respecta a los particulares, solían casarse con cuantas mujeres podían mantener.

No se hallaba establecido entre los caras el comunismo absorbente de los incas, y los individuos ejercían indudablemente el derecho de propiedad, poseyendo sus bienes y legándolos a sus herederos.

Para sus vestidos tejían el algodón y la lana, y curtían y adobaban pieles de diversos animales. Sus armas, fabricadas de madera, de cobre y de piedra eran lanzas, hachas y picas de enormes dimensiones. Construían fortalezas con un sistema o plan muy distinto de los pucaraes de los incas, pues se reducían a dos terraplenes cuadrados, uno mayor y otro menor: en el centro de éste se levantaba una casa grande, en la que guardaban las armas y las escalas para arrimar a los muros. Usaban también de grandes tambores de madera, formados de gruesos troncos de árboles ahuecados artísticamente; pero estos tambores no eran portátiles, sino que siempre estaban fijos en el mismo punto, para lo cual los suspendían en el aire apoyándolos en dos maderos.

La insignia de los scyris era la corona de plumas de colores, con dos órdenes de plumas, y la esmeralda, que les colgaba sobre la frente. Los jefes del ejército y los principales caudillos llevaban guirnaldas de plumas, asimismo de diversos colores; pero, para distinguirse del soberano, no tenían más que un solo orden de plumas.

Su manera de sepultarse y la forma que solían dar a sus sepulcros merecen descripción especial. Los caras pueden llamarse muy bien el pueblo de los túmulos en el Ecuador. Ponían el cadáver en tierra, echado de espaldas; junto a él colocaban algunos cántaros llenos de licor fermentado, las armas y aquellos objetos que el difunto había amado más en vida y que habría menester en su regreso de ultratumba; después iban poniendo grandes piedras al rededor, y formaban con ellas una especie de bóveda cónica, sobre la que amontonaban tierra en cantidad suficiente para construir una colina o montículo más o menos grande y elevado, según la dignidad del muerto. Estos túmulos en forma de colinas se conocen hasta ahora con el nombre de tolas, que era el mismo que tenían en la lengua de los antiguos caras.

De estas tolas o monumentos fúnebres de los caras están llenas algunas llanuras en la provincia de Imbabura y en la de Pichincha, es decir en el territorio donde aquellos dominaron por más largo tiempo.

Cuando moría un individuo se reunía a llorar por él y a celebrar sus exequias toda la parentela: tendido de espaldas el cadáver en una camilla portátil era llevado al punto donde se había resuelto levantarle su sepultura, los parientes iban plañendo en alta voz y desandando a trechos el camino que habían recorrido; porque, con cierta danza o bailecillo fúnebre, retrocedían de espaldas un espacio de camino, para volverlo a andar de nuevo, dando plañidos y zapateos acompasados: con este modo de andar, fácil es comprender que tardaban mucho en llegar al sitio de la sepultura, como si les pesase de acercarse pronto a ella.

Una vez puesto el cadáver en el suelo, tocaba a los más allegados formarle el sepulcro y levantar, echando tierra, el monumento fúnebre; y sobre él era donde, al cabo del año, se congregaban otra vez los parientes y amigos del muerto para llorarle y hacerle uno como aniversario, recordando sus hazañas en sus cantares y bebiendo y embriagándose a la memoria del difunto.

De los caras no nos queda monumento alguno sino sus tolas, y de éstas la más notable por sus dimensiones y lo regular de su forma está en la llanura de Callo, entre los límites de las provincias de Quito y de Latacunga.

Es muy visible y se conoce con el nombre de el Panecillo de Callo: a poca distancia en la misma llanura se conservan todavía las ruinas de un antiguo palacio de los incas, y se asegura que en ese mismo punto existió un edificio construido por los scyris, y que los incas lo demolieron para levantar después el otro, cuyos escombros aún existen.

No sólo en la ciudad de Quito sino en otras varias, como en Cayambi, en el Quinche y en Caranqui, tenían los caras templos famosos y ricos para la práctica de sus supersticiones religiosas y para el cumplimiento de sus ritos y ceremonias. El de Cayambi estaba construido en una eminencia que domina la llanura, tenía forma circular y era fabricado de adobes. El de Caranqui tenía las paredes cubiertas con láminas de plata bruñida; y es razonable presumir que asimismo debieron estar ricamente entapizados el de Cayambi y el del Quinche.

El templo del Sol en Quito era al mismo tiempo un observatorio astronómico, pues en una placeta delante de la puerta había dos columnas grandes para señalar los solsticios, y doce pilastras menores puestas en círculo para indicar con su sombra respectivamente cada uno de los doce meses del año. En cuanto a la manera de distribuir y medir el tiempo, lo único que sabemos es que el año de los caras principiaba en diciembre; pero se ignora absolutamente si los meses eran lunares o solares y si estaban o no repartidos en semanas.

El sistema, o manera de escritura que usaban los caras, podemos decir que era menos imperfecto y defectuoso que el de los incas. En vez de quipos, empleaban unas piedrecillas de forma, colores y tamaños diversos; y, arreglándolas y disponiéndolas de un modo convencional, las colocaban en estantes o escritorios de barro. Los scyris tenían en Quito un sepulcro común, y allí, sobre la tumba particular de cada uno, se ponía un depósito de esas piedrecillas, por medio de las cuales se recordaban los hechos más memorables del difunto. Por desgracia, de una tan curiosa manera de escribir no se ha conservado más que el recuerdo, pues la codicia de los que buscaban tesoros violó todos los sepulcros, los deshizo y de ellos no dejó a la posteridad ni siquiera el más ligero rastro.

Parece además indudable que, con la conquista de los incas, se perdieron todas las varias clases de escritura que usaban las naciones conquistadas, quedando en uso sólo la escritura oficial de los cordeles añudados o quipos.

Nada sabemos en cuanto a la lengua que hablaban los caras: ignoramos completamente el estado de su cultura intelectual y nos son desconocidas su condición moral y los adelantos que hayan hecho en las artes y en la industria. Debieron ser mareantes diestros, cuando aportaron a las playas ecuatorianas navegando embarcados en grandes balsas, formadas de maderos de considerables dimensiones, liados unos con otros por medio de cuerdas y juncos. Pero, ¿de dónde venían? ¿cuál era la patria que abandonaban, para venir a dar en las costas equinocciales? ¿acribaron a las playas del Ecuador, viniendo a ellas derechamente, porque ya tenían conocimiento anticipado del país a que dirigían su rumbo? ¿llegaron tal vez, navegando a la ventura, sin conocer el punto adonde se encaminaban? Ninguno de estos problemas puede resolver actualmente la historia, por falta absoluta de datos; y lo más que podrá hacer será perderse en conjeturas aventuradas.

Los caras vencieron y subyugaron a los quitos, a los cuales se tiene como primitivos pobladores del centro del Ecuador: pero los quitos ¿eran, en verdad, los primitivos pobladores de estas comarcas?... Se piensa que las tribus de los quitos estaban en un estado miserable de atraso y de barbarie, cuando fueron conquistadas por los caras. No obstante, es preciso confesar que sobre este punto y sobre otros muchos la Historia se halla completamente a oscuras entre nosotros. Si los caras impusieron a los quitos su propia lengua, si les enseñaron sus costumbres o si más bien aprendieron de ellos algunas, como la manera de sepultarse; si los túmulos o tolas pertenecen originariamente a los quitos y no a los caras... ¡Cuántas cuestiones, acerca de las cuales la Historia está obligada a guardar profundo silencio, porque las ciencias que debían auxiliarla no han practicado todavía investigaciones ningunas en el Ecuador!...

Los caras o scyris podemos, pues, decir que eran todavía como nuevos en estos países, cuando los conquistaron los incas; y que había naciones que, indudablemente, eran mucho más antiguas.

II

Al sur de Quito existía otra nación numerosa, conocida con el nombre de Puruhá, la cual tenía un gobierno organizado y leyes que arreglaban la sucesión en el poder. La forma de su gobierno era monárquica hereditaria, y sucedía siempre el hijo varón.

En punto a prácticas religiosas, adoraban como divinidades vivas y animadas a los grandes cerros nevados de la cordillera de los Andes, principalmente al Chimborazo y al Tungurahua, acerca de los cuales habían imaginado una mitología curiosa; pues al primero lo tenían por divinidad masculina, y al segundo por divinidad femenina; y, cuando en las noches serenas relampagueaba discurriendo el rayo de luz de un cerro a otro, decían los indios que entre el dios varón Chimborazo y la diosa hembra Tungurahua se estaban requebrando.

En lo más elevado de la cordillera y casi al pie de las nieves perpetuas, le habían erigido un templo al Chimborazo, y allá subían a ofrecerle sacrificios principalmente cuando se acercaban los tiempos de la siembra y de la cosecha. Después el Chimborazo tuvo también sus rebaños de llamas que le fueron consagrados por los incas, y que los ministros del culto pastoreaban en los desiertos páramos de la cordillera.

Adoraban además a otros dioses, el más famoso de los cuales estaba en Liribamba, capital del reino, donde se le había levantado un santuario de forma cuadrilonga. El ídolo era de barro cocido, tenía la figura de una cabeza humana con los labios abiertos, y se hallaba dispuesto en posición acomodada para verterle en la boca la sangre de los sacrificios, en los que solían ofrecer víctimas humanas, degollando a los prisioneros de guerra.

También ensangrentaban el altar en que el Chimborazo era adorado como un dios, pues dos veces al año le sacrificaban una india joven doncella. A los primogénitos los inmolaban precisamente por una antiquísima costumbre, y embalsamados y secos los conservaban con grande veneración en las casas, guardados en vasos de barro o de piedra, hechos a propósito para ese objeto.

Entre las vanas creencias de los Puruhaes, una era la de tenerse por hijos del Chimborazo, pues estaban persuadidos de que ese cerro había engendrado a sus primeros progenitores. Cuando veían brillar el arco iris, las mujeres cerraban la boca y apretaban fuertemente los labios, de miedo de que aquel meteoro las fecundara. Así que el maíz estaba maduro y a punto para la cosecha, el mozo mejor y más robusto de cada parcialidad salía a los cerros, y allí daba voces retando a todos los que quisieran hacerles daño en la futura recolección de las mieses. Nunca entraban en los papales, sin hostigarse primero las piernas, para no impedir que se cuajaran y maduraran las papas.

Cuando moría un indio, sus mujeres salían por los campos y recorrían, dando alaridos, todos los lugares que había solido frecuentar el difunto, y andaban de una a otra parte llorando y cantando doloridas endechas en alabanza del muerto: se untaban de negro la cara y el pecho todos los días que duraba el duelo, cuya última ceremonia era lavarse la pintura negra, con que en señal de tristeza se habían teñido.

Si el muerto era un cacique o régulo principal, sentaban el cadáver en una silla o tiara, bailaban todos alrededor, y asimismo sentado lo enterraban, poniéndole a su lado sus armas y las mejores prendas de ropa, que había usado en vida. La poligamia estaba en uso entre los jefes de cada pueblo, pero los particulares ordinariamente no se casaban más que con una sola mujer. El novio iba a la puerta de la casa de los padres de la novia, y, puesto allí de pie, llamaba a los padres, y, con palabras humildes y muchos ofrecimientos, les pedía que le dieran a su hija por esposa: luego presentaba los haces de paja y los atados de leña de que había ido cargado, según uso y costumbre de su nación.

Cuando un niño varón completaba cinco años de edad, practicaban la ceremonia de imponerle nombre, yendo de casa en casa, y en cada una el jefe de la familia le trasquilaba un poco de pelo y le hacía un obsequio.

En la ceremonia del entierro, la viuda o mujer principal del difunto iba en el cortejo fúnebre, siguiendo tras el cadáver, apoyada en un bastón y sostenida por dos indias, en señal del abatimiento y falta de fuerzas que le había causado el dolor por la pérdida de su esposo. El cadáver no se sacaba nunca a enterrar por la puerta la casa, sino que, se derribaba la culata de ella, y por ahí salía la comitiva fúnebre con el cadáver, abandonando para siempre la vivienda en que había sucedido el fallecimiento. También la abandonaban cuando caía en ella un rayo; y entonces los muebles y cuanto había dentro era despojo de los hechiceros. Salían corriendo de la casa, cuando daba en ella el arco iris, porque temían morirse; y los criados volteaban las sillas en que solían sentarse los caciques, para que en ese momento el espíritu maligno no se sentara en ellas y les hiciera daño.

El lago de Colaycocha era reputado como un lugar misterioso y funesto, donde creían que estaban penando las ánimas de los muertos. Esta creencia provenía de cierta costumbre muy antigua, de abandonar en una isleta desierta del mismo lago a los criminales, para que allí perecieran de hambre y de frío.

Examinadas atentamente las tradiciones de nuestros indios, se ve que muchos de ellos tenían el convencimiento de que sus progenitores habían sido criados en los mismos puntos, donde cada parcialidad o tribu habitaba, y creían que habían salido de ciertos lugares determinados. Los puruhaes atribuían su origen a los cerros nevados, diciendo unos que habían nacido del Chimborazo; y otros del Llanganate, como los de Píllro, Patate y Pelileo. Estas creencias podrían argüir, tal vez, una antigüedad muy remota en las tribus indígenas; pues, sólo con el transcurso de muy largo tiempo, podían haber perdido así tan completamente la memoria de las inmigraciones de sus antepasados y el recuerdo del país donde estuvo la cuna de sus mayores.

No obstante, otras naciones, como los caras, conservaban la tradición de largos viajes hechos por mar, y aun calculaban el tiempo que había trascurrido, desde que sus antepasados arribaron a las costas del Ecuador hasta la época en que entraron los conquistadores españoles. Por esto, ningún estudio puede ser más interesante que el de las tribus o naciones indígenas que poblaban el litoral de nuestra República, cuando llegaron a ella Pizarro y sus compañeros.

III

Para estudiar con el debido acierto las costumbres y prácticas así religiosas como civiles de las tribus indígenas que poblaban las costas del Ecuador en la época de la Conquista, es necesario tener presente que la división geográfica, que existe actualmente en el territorio de nuestra República, no se conocía entonces, ni era posible que se conociera; pues en aquellos tiempos las divisiones territoriales se formaban de la extensión de terreno ocupado por cada tribu o por cada parcialidad indígena. Así pues, cuando decimos que los indios de una provincia de la costa guardaban tales o cuales costumbres, se ha de tener presente que nos referimos a las tribus más estudiadas y mejor conocidas, que vivían en aquellas comarcas cuando fueron descubiertas y conquistadas por los españoles a mediados del siglo decimosexto, y no a todas las que en ellas se hallaban establecidas.

Al norte, en lo que ahora lleva el nombre de provincia de Esmeraldas, habitaban tribus bárbaras, de índole más o menos aguerrida: unas cultivaban la tierra y moraban de asiento en lugares determinados, formando pueblecillos, compuestos de cabañas agrupadas con cierto orden y regularidad; otras se hallaban establecidas a orillas del mar y se ocupaban de preferencia en la pesca y en la elaboración de la sal. Aunque todas fueron conquistadas y avasalladas por los incas en tiempo de Huayna Capac, no se sometieron nunca completamente al gobierno de los monarcas del Cuzco, si no que conservaron, hasta cierto punto, su independencia y manera de vida, entreteniendo con las tribus del interior más bien relaciones de mutuo comercio que de subordinación definitiva a la misma autoridad. Favorecíalas mucho para su aislamiento social a esas tribus la condición del suelo en que vivían; pues lo áspero de los caminos hacía difíciles y en invierno hasta imposibles las comunicaciones, y lo ardiente del clima, las lluvias continuas y las enfermedades molestas ponían graves obstáculos a la acción del gobierno, convirtiendo en triste y penoso destierro la permanencia de los incas en esos lugares. Así es que, las tribus de la provincia de Esmeraldas se mantuvieron en su nativa barbarie, sustrayéndose casi por completo a la influencia regularizadora de los conquistadores peruanos.

Varones y hembras andaban desnudos, embijado todo el cuerpo con tintura negra, lo cual les daba aspecto repugnante: había algunas parcialidades, cuya gala mayor eran las labores de dibujos extraños que se hacían en la piel, practicando, con arte propio de salvajes, el tatuaje, como un lujoso adorno y un arreo honorífico para la desnudez de sus cuerpos en todas las tribus los varones gustaban muchísimo de llevar zarcillos de oro pendientes de las orejas, argollas del mismo metal colgadas de la nariz, y clavos asimismo de oro introducidos en la cara, en huecos horadados con artificio en entrambos carrillos. Se adornaban también con sartas de cuentas menudas de oro, en las que envolvían el cuello, los brazos y las piernas. Los hombres traían una especie de camisa corta de género de algodón, que les cubría apenas hasta la cintura, dejando desnudo precisamente lo que la honestidad exige que esté siempre cubierto. Las mujeres solían envolverse desde los pechos con una manta de algodón, que la ceñían a medio cuerpo.

Sus nociones religiosas eran muy groseras en las cabañas que les servían de templos adoraban dos divinidades, representadas bajo la forma de cabrones negros. Estos simulacros nunca estaban solos sino siempre apareados, en unos altares bajos, delante de los cuales continuamente quemaban sahumerio, sacado de la resina de ciertos árboles olorosos.

Solían también ofrecerles sacrificios sangrientos, inmolando víctimas humanas. Las cabezas de los que habían sido muertos en sacrificio, se conservaban en los templos, reducidas a un volumen tan pequeño como el puño de la mano, por medio de cierto artificio, en el cual empleaban piedras caldeadas al fuego. Este uso es una de las cosas en que los salvajes primitivos de la costa del Pacífico se asemejan muchísimo a los jíbaros, que todavía pueblan los bosques trasandinos al Oriente de nuestra República. ¿Procedían, tal vez, esas antiguas tribus de un mismo origen?...

El cabello se lo cortaban igual, dejándoselo caer sobre la frente y las orejas a manera de cerquillo, lo cual contribuía a dar más feo aspecto a su fisonomía salvaje y mal agestada: su continente orgulloso y su manera de hablar jactanciosa son un indicio más para sospechar que había, si no identidad de origen, a lo menos relaciones de procedencia entre los jíbaros que todavía viven en nuestros bosques orientales y aquellas tribus, que habitaban en el siglo decimosexto en el territorio de nuestra actual provincia de Esmeraldas. Los cronistas castellanos nos hacen notar que había mucha semejanza entre todas las tribus salvajes derramadas a orillas del Pacífico y del Atlántico hacia el norte de la Equinoccial, a entrambos lados del istmo de Panamá. Esta semejanza en los hábitos de vida, usos y costumbres, podrá servir para rastrear el origen de esas tribus, las cuales acaso pertenecían todas a una misma raza.

Tanto estas tribus que moraban en el territorio de Esmeraldas, como las que se hallaban establecidas en la provincia de Manabí, en la isla de la Puná y en las costas de Machala, tenían la horrible costumbre de sacrificar víctimas humanas, eligiéndolas de preferencia entre los niños y las mujeres, además de los prisioneros de guerra, a quienes, según el uso de aquellas gentes; les estaba reservado ordinariamente tan funesto destino. Los pellejos de las víctimas eran conservados con las cabezas en una especie de cruces, puestas a la entrada de sus adoratorios, donde servían de espectáculo a los concurrentes. Es cosa digna de atención la habilidad con que secaban y adobaban la piel del cuerpo humano, dejándola como una bolsa, la cual luego henchían de ceniza, para darle forma y consistencia, a fin de poder colgar los restos humanos como trofeos religiosos en los templos de sus ídolos.

La entrada del templo miraba siempre hacia el Oriente, y la puerta se cubría con un paño blanco de algodón. Algunos de sus ídolos tenían figura de serpiente; otros eran bultos humanos con vestiduras talares, medio parecidas a las dalmáticas o túnicas sagradas de los diáconos católicos. Por lo regular estos ídolos eran de madera, aunque en las costas de Manabí ordinariamente los fabricaban también de piedra.

Hablaremos un poco más detenidamente de las tribus que poblaban la provincia de Manabí y todo el litoral marítimo de la de Guayaquil, hasta el canal de Jambelí; porque, según nuestro juicio, todas ellas pertenecían a un mismo grupo etnográfico, diferenciándose únicamente por ciertas variedades locales más bien que por caracteres esenciales de origen y de raza.

No será fuera de propósito insistir en la advertencia, que hemos hecho ya en otro lugar, en punto a la civilización de los incas: ésta no ha de confundirse nunca con la de las naciones indígenas del Ecuador, ni mucho menos con la de las tribus que moraban en las costas del Pacífico. Los historiadores modernos del Perú suelen hacer una distinción muy oportuna, respecto de la inmensa extensión de territorio que en la América Meridional llegaron a conquistar los incas; pues ponen de manifiesto la diferencia que hay en el aspecto y configuración física entre las provincias de la costa, llamadas de los llanos, y las del interior conocidas con el nombre general de la sierra. Todo el territorio del Perú se considera dividido en tres zonas o porciones paralelas de norte a sur: la zona de las playas del Pacífico y tierras que miran hacia Occidente; la parte comprendida entre la formación irregular de la enorme cordillera de los Andes y, finalmente, el territorio de la montaña, que se extiende al Oriente, tras la cordillera andina. En el Ecuador es indispensable hacer una distinción análoga de provincias o territorios: los incas, dominarán solamente en la parte media, es decir, en las mesetas superiores y en los valles formados por los dos ramales de la cordillera; a las montañas orientales entraron por varias partes, solamente como de paso; y a las provincias de la costa descendieron más de una vez, pero no establecieron en ellas su gobierno de un modo definitivo. Las tribus de las costas del Pacífico podemos decir, pues, con toda exactitud, que no pertenecieron por su civilización al imperio del Cuzco: lengua, tradiciones, costumbres, prácticas religiosas, todo en ellas era diferente; y se equivocaría gravemente el que no distinguiera la una civilización de la otra. En las provincias del litoral había en el Ecuador tribus y parcialidades sobre las que los incas no ejercieron influencia ninguna, dejándolas con su fisonomía nativa propia.

Hemos visto lo que eran las tribus que moraban hacia el norte; demos, por lo mismo, a conocer las que habitaban al sur de la línea equinoccial, en las costas ecuatorianas.

Todo lo que actualmente conocemos con el nombre de provincia de Manabí se hallaba; poblado por tribus diversas, que vivían haciéndose con frecuencia la guerra unas a otras. En varios puntos tenían ídolos de piedra de dimensiones gigantescas, con hábitos talares y un tocado en las cabezas, a manera de las mitras de nuestros obispos.

Por los objetos labrados en piedra que todavía se encuentran ahora, se deduce claramente que sabían trabajarla. Entre esos objetos hay algunos que tienen figura de animales, otros de hombres o mujeres, y parece que éstos serían ídolos en quienes idolatraban. Se descubren con mucha frecuencia unas piedras labradas en forma de pirámides cuadrangulares truncadas, cuyo objeto no puede determinarse con toda seguridad. Estas piedras tienen de alto un metro poco más o menos, y algunas están adornadas con relieves que representan animales. Hay puntos en los que se hallaban estas piedras dispuestas simétricamente, formando círculos, a manera de los grandes menhires, tan conocidos entre los monumentos megalíticos de otros pueblos. Más dignas de atención nos parecen algunas de estas piedras, talladas asimismo en forma de columnas cuadrangulares, con todas cuatro caras cubiertas de labores, que representan animales o figuras humanas.

Demasiado conocidas son las sillas de piedra sin espaldar, de asientos holgados, con adornos y esculturas, en las que se puede estudiar el carácter y la índole del pueblo que las fabricó. La forma de estas sillas es idéntica: la base se reduce a un plano de piedra cuadrado, de algunos milímetros de grosor: sobre este plano está acurrucada una figura grande, que representa siempre un animal o un ser humano; una mujer, un hombre, cuyo pecho reposa sobre el plano de la base, y encima de cuyas espaldas descansa el asiento. La cara está siempre levantada y mira de frente: los brazos se apoyan con los codos en el mismo plano de la base, y las manos, con el puño cerrado, asoman junto a la cara. Hay algunas figuras, cuyo cuerpo hábilmente labrado, demuestra que los artistas sabían imitar con primor la naturaleza, observándola con atención, para copiarla en sus obras. Entre las figuras de animales, la más frecuente es la del tigre o jaguar americano.

Hay en la provincia actual de Manabí un sitio, muy notable desde el punto de vista arqueológico, por el número verdaderamente considerable de objetos de piedra, que en el se han encontrado. Este sitio es el Cerro llamado de hojas, que está entre las ciudades de Portoviejo y de Montecristi.

La forma de este cerro es muy particular. Está casi en medio de la provincia, en una llanura extensa, aislado de todos los demás cerros y colinas de la comarca, y compuesto de unas cuantas montañas de forma cónica bastante regular, agrupadas unas junto a otras, constituyendo una eminencia coronada de cumbres o minaretes naturales. En cada una de esas cimas o vértices truncados, había un número más o menos considerable de sillas y de columnas de piedra, dispuestas en círculo.

Desde esas cumbres del Cerro de hojas la vista se tiende, se dilata y espacia en un horizonte hermosísimo: al Occidente, el mar, cuyas aguas forman una llanura azul cristalina, que va a confundirse a lo lejos con el azul oscuro del cielo; al Oriente, la cordillera de los Andes se levanta sombría, como un muro enorme que llegara de la tierra al cielo; y hacia el norte y hacia el sur campos, montañas, bosques, que dan al paisaje un aspecto variado y sorprendente. ¿Era esta montaña un lugar consagrado al culto religioso de los habitantes de esas provincias? Hay fundamentos muy poderosos para conjeturarlo. «Eran los naturales de estos pueblos, dice Cieza de León, en extremo agoreros y usaban de grandes religiones; tanto que en la mayor parte del Perú no hubo otras gentes que tanto como éstos sacrificasen, según es público y notorio».

Tenían sacrificios de varias clases, y también de víctimas humanas. Eran éstas los prisioneros de guerra, a los cuales primero los embriagaban y después, con un cuchillo de pedernal, los degollaban; los pellejos secos y henchidos de paja y ceniza, solían conservar colgados a la puerta de sus adoratorios, lo mismo que sus conterráneos, los de Esmeraldas.

Los sacerdotes acudían de noche y de día a estos lugares deputados para el culto, y, según las antiguas costumbres que por tradición habían recibido de sus mayores, practicaban ciertas ceremonias, cantando y loando a sus dioses. Vestían de blanco, vivían apartados del trato común y alardeaban de conocer y predecir lo futuro.

Entre los varios adoratorios que había en toda la provincia, dos eran los más célebres y concurridos: el del puerto de Manta y el de la isleta de la Plata, casi al frente de Salango. En Manta se veneraba a la diosa de la salud, representada por una esmeralda fina, muy grande, labrada en figura de cabeza humana. Cuando se presentaban los peregrinos enfermos, el sacerdote les aplicaba la esmeralda, cogiéndola, con mucha reverencia, con un lienzo blanco muy limpio. Llamábase la diosa Umiña, y se le ofrendaban de preferencia esmeraldas pequeñas, porque, al decir de los ministros encargados del servicio del ídolo, éste, como madre o generador de las esmeraldas, se complacía mucho en que se le ofrecieran sus propias hijas.

En la isla de la Plata había otro adoratorio: el ídolo adorado allí era probablemente el Mar, y no el Sol, como han dicho algunos historiadores antiguos. En ciertas épocas del año se trasladaban a la isla en balsas, para celebrar sus fiestas; y entonces ofrecían vasos de oro y de plata, ropa fina y otros objetos, todo lo cual quedaba depositado en el santuario, sin que nadie se atreviese a tocarlo.

Entre las prácticas religiosas de las tribus indígenas de la costa, hay una que merece llamar la atención, y es la de considerar como sagradas a las islas de la Plata y de Santa Clara, que están enfrente de las playas ecuatorianas, en la dirección de norte a sur. Entrambas islas estaban deshabitadas, y en cada una de ellas había un templo, donde se daba culto a un ídolo especial. El que se veneraba en la isla de Santa Clara era de piedra, grande, con figura humana y la cabeza prolongada hacia arriba. Parece haber sido el dios de las enfermedades, porque su templo estaba lleno de objetos pequeños de oro y de plata, que representaban miembros del cuerpo-humano, como manos, brazos, pechos de mujer, etc., los cuales eran a manera de dones votivos, ofrendados por los devotos. También había vasos grandes de plata y ricas telas de algodón y de lana, pintadas de colores muy vivos, principalmente amarillo, ofrecidas al ídolo.

Como el terreno de esta isla es desigual, en la parte más elevada estaba el adoratorio; y en la baja, destinada para enterramiento, se acostumbraba sepultar a los régulos de las tribus vecinas. Sensible es que no se hayan conservado los nombres propios, que en la lengua de los indígenas tenían esas dos islas sagradas.

Varias de las parcialidades que habitaban en la provincia de Esmeraldas, en la de Manabí y aun en la de Guayaquil, acostumbraban enterrar sus muertos de un modo digno de ponderación: doblaban y comprimían el cadáver hasta reducirlo a un volumen muy corto, sentándolo en cuclillas, apretando las piernas contra el pecho y recogiendo los brazos bajo la barba; en esa situación lo metían en una vasija de barro trabajada de propósito para aquel objeto, la cual hacía las veces de ataúd entre aquellos indios. Cuando el cadáver estaba ya bien acondicionado dentro de ella, la tapaban y enterraban en hoyos profundos, cavados en el suelo; y junto a la vasija, que contenía los restos mortales, ponían prendas de vestido, armas, adornos y todas cuantas cosas podía necesitar el difunto en la vida de ultratumba, que los cuitados solían imaginar enteramente semejante a esta vida temporal.

Las fuertes lluvias, las grandes inundaciones de los ríos, los instrumentos de labranza, con que el agricultor remueve la tierra, han trastornado los antiguos cementerios de los indios y sacado de nuevo, al cabo de siglos, a la luz del día las grandes vasijas mortuorias, dentro de las cuales todavía se conservaban acurrucados los esqueletos. Los dientes blancos y compactos de la mandíbula superior, bordados con un delgado filete de oro, manifestaban la verdad de la narración de los antiguos cronistas castellanos, que nos refieren que los régulos indígenas de las costas del Pacífico en el Ecuador, acostumbraban traer por gala los dientes «clavados con clavos de oro».

Tenían algunas tribus de Manabí y de Esmeraldas la costumbre de deformar la cabeza, prolongándola hacia la parte superior y aplastándola de entrambos lados. Para esto, desde que nacía un niño, le acomodaban a la frente y al colodrillo unas tablitas, las que solían conservarle siempre atadas hasta los cinco años de edad. Los indios de Colimes en la costa, y también los paltas o saraguros en la sierra, eran los que con mayor esmero practicaban esta costumbre; por lo cual se distinguían entre todos, merced a sus disformes y abultadas cabezas.

Otras tribus hacían profundos huecos en la tierra, a manera de pozos, para sepultar a los muertos; y tanto más hondos eran estos sepulcros, cuanto más elevada era la jerarquía social del difunto. Con los caciques enterraban siempre a una o dos de sus mujeres, las más queridas, y la ropa y las armas y algunos cántaros con chicha, la cual solían renovar de tiempo en tiempo, por medio de un tubo de caña, que desde los cántaros salía hasta fuera.

Sus vestidos eran tejidos de algodón y de lana. Las casas se fabricaban siempre en alto, sustentándolas en maderos gruesos: las paredes eran de cañas y la cubierta de paja. Todavía hoy las gentes de la costa tienen esa misma manera de vivienda.

El señorío se trasmitía siempre por herencia de padres a hijos. En el contraer matrimonio eran estos indios muy poco recatados, pues no tenían en nada la virginidad de las novias, y aun preferían a las que habían sido ya antes desfloradas por sus propios parientes.

Tales eran las costumbres y manera de vivir de las naciones indígenas de la costa: entre ellas merece un recuerdo especial la que había poblado la isla de la Puna en el golfo de Guayaquil. Estaba la isla dividida en varias poblaciones o tribus, cada una de las cuales tenía su jefe, aparte, y todas juntas formaban un solo estado, bajo un régimen federativo, a su manera, reconociendo la autoridad de un solo régulo sobre toda la isla.

Sus adoratorios o templos estaban construidos en lugares apartados y sombríos, y eran adrede muy obscuros. Ofrecían sacrificios de víctimas humanas, y, para que éstas no les faltasen, mantenían guerras constantes con las tribus de la tierra firme, principalmente con las de Túmbez. Sin éstos, hacían también sacrificios de animales, y ofrendaban a sus ídolos ropa, joyas, esmeraldas y flores. Como tribu o nación guerrera, su dios principal era Tumbal, cuyos altares de continuo estaban empapados en la sangre de los prisioneros de guerra.

Conocían el arte del dibujo y de la pintura, pues las paredes de sus templos estaban pintadas con figuras espantables, al decir de los primeros conquistadores, que alcanzaron a conocer la isla en su primitivo estado de civilización indígena.

Practicaban el comercio en grande escala: sabían perfectamente el arte de beneficiar la sal marina, que se encontraba en su isla, y, reduciéndola a pasta, la vendían no sólo a las otras tribus de la costa, sino también a las del interior, subiéndola en canoas y balsas por el río de Guayaquil, aguas arriba, hasta las tierras de los Chimbos; y de los indios de la sierra recibían en cambio algodón, lana hilada, oro, plata y chaquira. Así es que los isleños eran los más ricos entre todos los indios de la costa, y gustaban de engalanarse no sólo las mujeres sino los hombres con zarcillos, brazaletes, collares y muchas sartas de cuentas coloradas menudas. Para sus vestidos escogían mantas de colores vivos.

Usaban una especie de tocado muy galano, que consistía en unos cuantos hilos o sartas de chaquira, con que se ceñían la cabeza, dándose varias vueltas al rededor de ella.

Cuando moría un régulo, sus mujeres se trasquilaban el pelo en señal de dolor y por muchos días se estaban llorando y haciendo otras demostraciones de gran sentimiento. Estos régulos eran tan celosos con las mujeres de su serrallo, que no solamente castraban, sino que cortaban el miembro viril, y a veces hasta las manos, a los encargados del servicio y custodia de ellas.

En la guerra eran muy señalados; usaban de hondas, de porras, de largas picas arrojadizas y de lanzas, con puntas de oro. Hostiles en sus correrías contra los de la costa, después de sus acometidas, volvían precipitadamente a su isla, cuyos puertos habían fortificado levantando en ellos muros de piedra muy bien construidos, los que les servían de fortalezas para ofender al enemigo, y de parapetos para guarecerse cuando eran atacados. Insignes mareantes; se lanzaban impávidos a alta mar o bogaban en persecución de sus enemigos, manejando sus balsas con destreza admirable.

Los indios de la costa eran también insignes pescadores y sabían bucear las perlas, taladrarlas con primor, lo mismo que las esmeraldas y conservarlas en mucha estima, como objetos de lujo, cuyo precio y valor no les eran desconocidos.

En fin, para completar la enumeración de los pueblos indígenas que habitaban las costas del Ecuador, no nos resta hacer mención más que de los degradados pichunches, que moraban en lo más montuoso de las provincias de Guayaquil y Manabí, y a quienes, según cuentan algunos historiadores, oprimió terriblemente Huayna Capac, deseoso de obligarles a cambiar de costumbres. Ésta parece haber sido una tribu poco numerosa, de la cual, algún tiempo después de la Conquista, no quedaba ya más que la memoria.

Es cosa notable que los quillasingas en el norte y los huancavilcas en el Occidente hayan tenido la misma costumbre de horadarse la ternilla, para traer colgado sobre el labio superior un anillo de oro los ricos, y de plata o de cobre los demás. Asimismo, los paltas en el sur y algunas tribus de la costa tenían la costumbre de deformar el cráneo, para dar a la cabeza un aspecto monstruoso.

De estas diversas tribus o naciones se componía el antiguo Reino de Quito, durante el gobierno de Huayna Capac, el último de los Incas del Perú, que tuvo bajo su obediencia todas las provincias del Ecuador. Se habrá advertido ya que en esta enumeración que hemos hecho de las tribus indígenas ecuatorianas antes de la conquista española, no hemos tomado en cuenta a los salvajes, que vagan tras la Cordillera oriental de los Andes; la razón ha sido, porque esas tribus u hordas no fueron nunca conquistadas ni dominadas por los incas, ni por los caras ni por ninguna de las razas semicivilizadas de la planicie interandina. De las tribus salvajes, que pueblan los bosques de la región oriental, hablaremos, cuando tratemos en nuestra Historia de los esfuerzos que se han hecho para convertirlas al cristianismo y ganarlas para la civilización.

IV

Además de las naciones o tribus indígenas, que acabamos de enumerar, había otra muy digna de ser conocida, y de la que, no obstante, muy poco nos han hablado los antiguos cronistas americanos. Esa nación era la de los cañaris, antiguos pobladores del territorio que ahora comprenden las dos provincias del Azuay y de Cañar en nuestra República. La antigua nación indígena, conocida en la historia de los incas del Perú con el nombre general de los cañaris, era, a no dudarlo, un conjunto de tribus unidas y confederadas entre sí, formando un solo pueblo; el cual habitaba desde las cabeceras del nudo del Azuay hasta Saraguro, y desde las montañas de Gualaquiza hasta las playas de Naranjal y las costas del canal de Jambelí. Aun los mismos cacicazgos de Sibambe y de Tigzán o Tiquizambi, que algunos han juzgado independientes, estaban unidos con los cañaris del lado de allá del Azuay, no sólo por vínculos políticos mediante pactos de confederación, sino por lazos de parentesco; pues parecen oriundos de la misma tribu o antigua raza primitiva.

El gobierno general de los cañaris era como el de sus vecinos los puruhaes, una monarquía federativa. Cada curaca o régulo gobernaba independientemente su propia tribu; pero, en los casos graves relativos al bien general, todos los jefes se juntaban a deliberar en asamblea común, presididos por el señor o régulo de Tomebamba, el cual ejercía indudablemente cierta jurisdicción sobre los demás.

Estos grandes señores gozaban del uso de la poligamia y tenían cuantas mujeres podían mantener, según su rango, aunque entre todas ellas una era la principal, y su primer hijo varón sucedía al padre en el señorío o gobierno de la tribu.

No todos los jefes eran iguales en poder y riquezas; antes había algunos débiles y pobres, por lo cual entre todos ellos se aliaban, protegiéndose los unos contra la opresión de los otros. La alianza de los estados inferiores era un arbitrio, para auxiliarse mutuamente contra los más poderosos.

Los cañaris conservaban relativamente al Diluvio y al origen de su raza, una tradición religiosa, en la cual no puede menos de descubrirse cierta reminiscencia confusa de hechos bíblicos, mezclada con creencias y fábulas locales, bastante absurdas. Decían, pues, los cañaris, que, en tiempos muy antiguos, habían perecido todos los hombres con una espantosa inundación, que cubrió toda la tierra. La provincia de Cañaribamba estaba ya poblada, pero todos sus habitantes se ahogaron, logrando salvarse solamente dos hermanos varones en la cumbre de un monte, el cual, por eso, se llamaba Huacay-ñan o camino del llanto. Conforme crecía la inundación, se levantaba también sobre las aguas este cerro: los antiguos moradores, que, huyendo de la inundación se habían subido a los otros montes, todos perecieron, porque las olas cubrieron todos los demás montes, dejándolos sumergidos completamente.

Los dos hermanos, únicos que habían quedado con vida después de la inundación de la cueva en que se habían guarecido, salieron a buscar alimento; mas ¿cuál no fue su sorpresa, cuando, volviendo a la cueva, encontraron en ella manjares listos y aparejados, sin que supiesen quién los había preparado? Esta escena se repitió por tres días, al cabo de los cuales, deseando descubrir quién era ese ser misterioso que les estaba proveyendo de alimento, determinaron los dos hermanos que el uno de ellos saldría en busca de comida, como en los días anteriores, y que el otro se quedaría oculto en la misma cueva. Como lo pactaron, así lo pusieron por obra. Mas he aquí que, estando el mayor en acecho para descubrir el enigma, entran de repente a la cueva dos guacamayas, con cara de mujer; quiere apoderarse de ellas el indio, y salen huyendo. Esto mismo pasó el primero y el segundo día.

Al tercero, ya no se ocultó el hermano mayor sino el menor: éste logró tomar a la guacamaya menor, se casó con ella y tuvo seis hijos, tres varones y tres hembras, los cuales fueron los padres y progenitores de la nación de los cañaris. La leyenda no dice nada respecto de la suerte del hermano mayor, pero refiere varias particularidades relativas a las aves misteriosas: las guacamayas tenían el cabello largo y lo llevaban atado, a usanza de las mujeres cañaris; las mismas aves fueron quienes dieron las semillas a los dos hermanos, para que sembraran y cultivaran la tierra.

Estimulados por esta tradición religiosa, los cañaris adoraban como a una divinidad particular al cerro de Huacay-ñan, y una laguna que se halla hacia los términos de la provincia del Azuay en la gran Cordillera oriental sobre el pueblo del Sígsig, porque suponían que de allí habían salido sus progenitores, y le hacían sacrificios, arrojando a ella oro en polvo y otras cosas, en varias épocas del año.

Tenemos, pues, aquí indicadas dos razas o parcialidades diversas: los unos se creían descendientes de uno de los dos hermanos que sobrevivieron a la destrucción general de los pobladores de la tierra; los otros decían que sus progenitores habían salido o brotado de la laguna del Sígsig. Nos parece, por lo mismo, que hay motivos suficientes para conjeturar que los cañaris no procedían todos del mismo origen: la nación estaba compuesta de gentes venidas de puntos distintos, y que no habían llegado al Azuay al mismo tiempo, sino en épocas diversas. Los del valle de Gualaceo y Paute, acaso, eran distintos de los que estaban establecidos a orillas del Jubones; y diferían de entrambos los que habitaban en la parte septentrional de la provincia, arrimados al nudo del Azuay.

¿Cuáles eran los dioses que adoraban estos pueblos? Garcilaso nos dice que adoraban como dios principal a la Luna, y además a los árboles grandes y a las piedras jaspeadas. El padre Calancha nos da en punto a la idolatría de los cañaris un dato más, diciéndonos que los de Tomebamba adoraban por dios a un oso.

Del culto que los cañaris tributaban a las guacamayas teniéndolas como aves sagradas, encontramos una prueba en los objetos de arte que se han extraído de los sepulcros. En un punto llamado Huapan, cerca de la población de Azogues, se descubrió un sepulcro, del cual se sacaron muchísimas hachas de cobre, con figuras grabadas en ellas, y entre esas figuras una de las más repetidas era la de la guacamaya. Según la antigua costumbre de los indios, no sólo del Perú sino de casi todos los puntos de América, cada tribu llevaba en sus armas la imagen de la divinidad tutelar de ella; y esas divinidades gentilicias eran aquellos animales de que cada tribu fingía que habían tenido origen sus antepasados.

Mas, esta tradición de los cañaris respecto a su origen, ¿no podría, acaso, darnos alguna luz, para conocer con cuales otras naciones de América tenían relaciones de semejanza?... La veneración a las guacamayas se encuentra en varias naciones de América, principalmente entre las de raza nahual, como los mayas y los quichés, para quienes esa ave era sagrada y simbolizaba la potencia o fuerza fecundadora del sol y del calor. No obstante, como no conocemos bien la tradición de los cañaris, como de su mitología no tenemos más que la sumaria relación del origen de su raza, contenida en la leyenda de las guacamayas de Huacay-ñan, nada podemos asegurar con fundamento respecto a su conexión con otras razas del continente americano; y, por eso, toda conjetura sería aventurada.

Las guacamayas eran aves muy comunes en las Antillas, y Colón las encontró reducidas al estado doméstico en las casas de los indios: lo hermoso de su plumaje, lo vivo y sorprendente de su instinto y, más que todo, la rara habilidad de imitar la voz humana, pronunciando palabras con tanta gracia como si comprendieran su significado, debieron haber hecho profunda impresión en la imaginación de las tribus indígenas americanas, induciéndolas a suponer algo de extraordinario y de divino en esas aves. ¿Qué extraño es, pues, que las hayan hecho intervenir en sus sistemas cosmogónicos, que les hayan dado culto como a divinidades en su mitología, y que las hayan esculpido como símbolos sagrados en sus monumentos religiosos?

CAPÍTULO IV

I

Para dar a conocer el estado de civilización en que se hallaban las tribus indígenas ecuatorianas, cuando los incas conquistaron estas provincias e incorporaron en el imperio del Perú el Reino de Quito, es necesario que expongamos cuáles eran sus creencias y tradiciones religiosas, cuáles sus ideas en punto a la existencia y condiciones de la vida futura, sus leyes, usos y costumbres; sus prácticas supersticiosas, su manera de vivir y los conocimientos que habían adquirido en las artes necesarias para la vida, y en aquellas que contribuyen a alegrarla y ennoblecerla. Pero, por desgracia, la escasez de documentos es tan grande que, can mucho trabajo, apenas se puede descubrir una u otra noticia más o menos fundada. La raza indígena, pereciendo para siempre como nación, se ha sobrevivido a sí misma; y a hora pasa su vida miserablemente, ignorando lo que fue ayer, y sin inquietarse por lo que será mañana.

Todos los indios antiguos que poblaban las costas del norte del Perú y gran parte del litoral y de la sierra del Ecuador, tenían una idea notable acerca de la Divinidad. Creían en la existencia de un ser superior, sumamente poderoso, al cual le llamaban Kon ticci viracocha: no tenía miembros corpóreos, y la naturaleza espiritual suya se la imaginaban los indios algo como una sombra ligera, sutil o impalpable. Kon formó el mundo material, y andaba con tanta ligereza y rapidez, que, a su paso, los montes se hundían y los valles se llenaban.

Este ser misterioso tuvo dos hijos, cuyos nombres eran Imaimana viracocha y Tocapo viracocha. El Hacedor Supremo del mundo se llamaba también Pachayachachic.

En cuanto a la creación de los hombres, la explicaban de esta manera. Kon crio a los primeros hombres: éstos se rebelaron contra él, y, por este crimen, los transformó en gatos negros. Los hombres nuevos, los que ahora existen, decían los indios que habían sido criados por Pachacamac.

Las tribus indígenas diversificaban esta idea de la Divinidad, y en unas partes la explicaban de un modo, y en otras de otro; ya localizando ciertos hechos en la provincia donde vivía cada tribu, ya mezclando con la noción primitiva y abstracta del Ser Supremo otras ideas, provenientes del recuerdo de tradiciones antiguas desfiguradas. Difícil es, por lo mismo, discernir ahora con toda precisión la idea genuina que de la Divinidad tenían las antiguas tribus indígenas del Perú y del Ecuador, de las explicaciones diversas y hasta contradictorias, que encontramos en los antiguos escritores castellanos.

Muchos de ellos no pudieron conocer perfectamente las ideas y tradiciones indianas; y respecto de algunos; no podenos menos de aceptar con reserva y cautela sus narraciones; atendida la tendencia que tenían a desfigurar las fábulas americanas, por el anhelo de encontrar, en las creencias y tradiciones de los indios analogía y semejanza con los sublimes misterios de la religión cristiana.

Así pues, lo único verdadero y digno de crédito que podemos aceptar relativamente a un punto tan importante, es que los indios, en su gentilidad, habían alcanzado a formarse una idea abstracta no muy grosera de Dios. Creían en la existencia de un ser de naturaleza distinta de la humana y muy superior a ella; pero le daban diversos nombres, para expresar los distintos atributos u operaciones que le correspondían.

Algunos escritores distinguen a Kon de Pachacamac; pero, en la mitología peruana, Kon y Pachacamac ¿eran dos seres distintos? ¿No eran uno y el mismo ser, con nombres diversos? ¿Hasta qué punto será exacto aquello de que Pachacamac fue hijo de Kon? ¿aquello de que luchó con su padre para criar a los hombres y otras cosas, en las que se descubren relaciones con las enseñanzas cristianas en punto al augusto misterio de la Divina Trinidad?...

Esta idea noble respecto de la Divinidad no impedía las groseras supersticiones de nuestros indios. Su imaginación infantil les hacía considerar como animada y llena de una cierta vida misteriosa a toda la naturaleza; y adoraban todos los objetos materiales que les llamaban la atención de cualquiera manera que fuese: la tierra, el mar, los árboles grandes, las piedras raras por su hermosura o por su tamaño; el arroyo de agua, los cerros nevados y los ríos; los meteoros de la atmósfera como el rayo, el relámpago, el arco iris, creyéndolos animados y vivos. El arco iris pensaban que podía engendrar monstruos en el vientre de las mujeres, si éstas, por desgracia, llegaban a absorberlo de repente.

Entre los animales, dos eran principalmente adorados: el jaguar y las culebras; aquel por su fiereza, y éstas, acaso, por las cualidades maravillosas que se notan en ellas.

Entre los astros del cielo, parece que la Luna era el objeto de una adoración y culto especial para muchas tribus ecuatorianas, antes de que introdujesen los incas el culto oficial del Sol, como progenitor y padre de los soberanos del imperio. Había además en cada tribu, en cada pueblo, en cada localidad, un cerro, una colina, una cueva, que era el objeto principal de la adoración común, porque creían que de ahí habían nacido sus antepasados. Estos sitios en la lengua del Inca se llamaban Pacarina; y los indios les tenían tanto cariño, que no queman separarse de ellos, ni aun para mejorar de situación; y preferían su pacarina, el hogar, la cuna de sus mayores, por yermo y estéril que fuese, a otros terrenos fértiles y hermosos.

Tan adheridos estaban los indios a su Pacarina que, cuando ésta era un río, tomaban un vaso de su agua y lo llevaban consigo religiosamente hasta el punto donde iban a poblar como mitimaes, y allí al río que encontraban en su nueva patria, le ponían el mismo nombre que llevaba el de su provincia, y derramaban en él las aguas del suyo propio, consolándose así de ese modo, en su destierro perpetuo, con la ilusión de ver correr el río que habían dejado en los sitios de donde la política de los Incas los arrancaba para siempre.

Es cosa notable la idea singular que los indios se habían formado del universo y de la naturaleza que los rodeaba, creyendo que todo objeto corpóreo estaba animado y gozaba de vida y podía entrar en comunicación con el hombre, oír sus palabras y participar de sus sentimientos. Cuando soplaba el viento y se arremolinaba formando torbellinos de polvo, el indio se encogía aterrado, se tapaba la cara y arrojaba hacia el torbellino lo que estaba teniendo en las manos, por precioso que fuese. Cuando se regalaba embriagándose con los licores fermentados que solía preparar, adoraba primero su chicha y la saludaba con efusión, diciéndole requiebros y donaires amorosos: rubia, tú que me alegras, sosténme y haz que goce de sueños y visiones apacibles. Si le era necesario emprender algún viaje, se acercaba primero a su cántaro de chicha, y la esparcía dando papirotes al aire con los dedos pólice e índice de la mano derecha: si había de pasar un río, adoraba antes el agua, agachándose y tomando con la mano un trago de ella, diciéndole que le permitiera entrar en la corriente y salir a la orilla opuesta con felicidad, sin ser arrebatado.

El indio, en cualquiera parte donde estuviere, jamás se creía solo; antes, por el contrario, se imaginaba acompañado por todos los objetos que le rodeaban, y entraba en comunicación con todos ellos.

De los ídolos protectores de la tribu pedía alguna reliquia, como un pedacillo de tela, un trocito de piedra, o siquiera un grano de maíz de las mazorcas, que les habían sido ofrecidas en sacrificio; y el jefe de los mitimaes lo llevaba, como un recuerdo, una memoria carísima del suelo natal, para guardarlo con religiosa veneración, fincando en su culto la prosperidad del pueblo, en la nueva provincia donde había ido a habitar.

Finalmente, tenían un modo curioso de reverenciar al Sol, y era levantando columnas de piedras de diversos tamaños, de modo que formasen uno como montoncillo, que servía de mojón para señalar los términos de las heredades o provincias. A estas columnas o mojones religiosos, consagrados al Sol, los llamaban uznos en la lengua quichua. Y de éstos había innumerables en toda la extensión del imperio, y servían para hacer sacrificios, derramando chicha al pie de ellos, en días determinados.

Cada tribu, cada parcialidad y aun cada familia tenía un objeto peculiar de adoración, el cual era su numen tutelar: además cada individuo se escogía o se fabricaba para sí un ídolo suyo determinado. La familia, la tribu, conservaba, con la más cariñosa veneración, los cuerpos momificados de sus primeros progenitores, y los adoraba, idolatrando en ellos con el nombre de mallquis; y a tanto llegaba la minuciosa superstición de los indios, que hasta a las más ruines necesidades corporales les habían dado una divinidad particular. Tal era el grotesco Izhpana, dios de los orinales.

El dios de cada familia se recibía en herencia por el principal de ella, y así iba trasmitiéndose de padres a hijas, y se conservaba con tanto anhelo que, si la familia llegaba a extinguirse, el último que quedaba con vida daba el ídolo a un pariente de afinidad, en quien tenía confianza, o lo llevaba al sepulcro de sus mayores, y allí lo enterraba con el mayor cuidado y esmero.

Con estos dioses domésticos practicaban un culto supersticioso, lleno de ceremonias menudas y prolijas, que se cumplían escrupulosamente. Había para este fin instituidos sacerdotes y también sacerdotisas, que hacían a la vez el oficio de sacrificadores, de médicos y de adivinos. Cada indio tenía en su casa dos idolillos lares o penates, si podemos llamarlos así: el uno era en figura de un hombre, de una mujer o de cualquiera otro objeto real o fantástico, y a éste se le llama cúnchur: el otro era, por lo regular, una piedrezuela pequeña, con algún adorno o señal, y se le daba el nombre de chanca o también el de lengua o intérprete del cúnchur, porque servía para conocer la voluntad de éste. Cuando un indio se hallaba en algún trabajo, inmediatamente acudía a su ídolo personal, y le consultaba pidiéndole amparo.

Las ceremonias que en ese caso se observaban eran las siguientes. Tanto al cúnchur como al chanca, los conservaba el indio, envueltos en trapos sucios: los desataba, pues, poniéndolos al descubierto, en el suelo, para consultarles.

Tenía para esto, cuidadosamente guardados en dos atadillos o bolsitas de cuero, un poco de coca, algunas narigadas de polvo amarillo y de polvo carmesí, unas cuantas conchas marinas molidas, otras pocas enteras, un pedacito de oro o de plata y, por fin, dos o tres piedras redondas y lisas. Principiaba la ceremonia colocando al cúnchur y al chanca sobre una brizna de paja bien limpia: delante de ellos, puesto el sacerdote en cuclillas, acomodaba las piedras, sobre las que derramaba luego el polvo amarillo, el carmesí y el de las conchas molidas, formando tres ringleras paralelas; después con el pedacillo u hoja de plata recogía los polvos y raspaba despacio las piedras, cuidando, empero, de que quedase una porción determinada, ya bien mezclada sobre las mismas piedras. A esta primera ceremonia seguía la deprecación. Hablando el indio con su cúnchur, le decía, pronunciando el nombre propio del ídolo: cúnchur mío, vos sois mi padre (taita cúnchur), mi señor, a quien yo y toda mi familia estamos encomendados, ruégoos que me libréis de este trabajo (expresaba la necesidad que padecía): interceded por mí con el dios que me lo ha causado y avisadme cuál es, para desenojarle. Tomaba luego el chanca, para echar la suerte, y, alzándolo, decía antes de arrojarlo al suelo: padre mío, cúnchur, si el Sol es quien está enojado contra mí, (por ejemplo), que este chanca caiga por tal lado (nombraba el lado), y tiraba el chanca al suelo: si el chanca caía y se asentaba por el lado indicado, el indio no se daba por satisfecho, sino que recogía el chanca y tornaba a pedir al cúnchur, que, para mayor confirmación de lo preguntado, hiciera que el chanca cayese por el lado opuesto, y lo arrojaba en alto para que viniera con fuerza al suelo. Esta operación se repetía tantas veces, cuantas era menester para lograr la respuesta que se pretendía.

La ceremonia terminaba con el sacrificio, en el cual se mataban uno o más cuyes, algunas veces también un llama o carnero de la tierra: con la sangre se rociaba el cúnchur, pero después de haberle soplado primero encima los polvos sagrados, dispuestos en las piedras de que hablamos antes; y se concluía derramando sobre el cúnchur y en el suelo un vaso de chicha, un poco de ticte y un puñado de coca. El ticte es una especie de colada o mazamorra, hecha de maíz molido en partículas muy menudas.

Venía luego lo más importante del sacrificio, que era el descubrir si el cúnchur lo había aceptado o no; y esto se deducía de ciertas señales que presentaban los hígados y las entrañas del cuy sacrificado. Para esto, el sacrificador le rasgaba con las uñas de los dedos pólices de entrambas manos el pellejo de la barriga al animal, estando éste todavía vivo, y le soplaba luego por la boca. Si de la inspección de las entrañas de la víctima se deducía un agüero favorable, todo estaba acabado y no había más qué hacer, sino desenojar al dios irritado, ofreciéndole sacrificios; pero, si las entrañas de la víctima estaban mudas, los sacrificios se renovaban sin término, hasta arrancar una respuesta definitiva.

El sacrificador, así que descubría cuál era el dios que estaba enojado, tomaba inmediatamente una de las piedras con los polvos de colores, y los soplaba en la dirección en que se suponía a la deidad irritada.

Los cuyes eran los animales que de preferencia servían para estos sacrificios domésticos. Las carnes y las entrañas se consumían completamente al fuego. Estos eran los sacrificios que se ofrecían dentro de las casas: otros se hacían a los ídolos o huacas, que estaban en puntos determinados, como divinidades tutelares de cada pueblo. A estos dioses les hacían fiestas públicas y solemnes en varias épocas del año, juntándose para ello todos los de la parcialidad o linaje que adoraba al ídolo, a quien, con toda propiedad, pudiéramos llamar el numen gentilicio o patronímico de la tribu.

En cada pueblo solía haber uno o más sacerdotes; y naciones indígenas hubo en las cuales había una especie de jerarquía sacerdotal, con un jefe a quien todos estaban subordinados. Todo ídolo tenía sus sacerdotes: éstos unas veces eran elegidos libremente por los caciques; otras se trasmitían el sacerdocio por herencia en las familias de padres a hijos, y en varias partes los devotos elegían voluntariamente esa profesión a género de vida.

Los tuertos, los gibosos, los cojos y todo el que tenía alguna lesión corporal, que lo hubiese puesto feo y deforme, ejercía el oficio de adivino. Para esto empleaban por lo regular las arañas grandes; y, poniéndolas en una manta, las hacían correr, después de haberles primero quitado una o más patas, apretándoselas al andar con un palito, que llevaban al efecto. Algunos tenían dentro de una olla de barro un sapo vivo o una culebra también viva, a la cual se daban maña en amansar de tal manera, que se complacía en lamerles el cuerpo. Otros empleaban para el mismo objeto pelos de difunto, muelas de los que habían muerto ahorcados, y ciertas figurillas trabajadas a propósito, en madera, en piedra, en hueso o en barro.

De estas mismas figurillas se valían los hechiceros para causar daño o hacer maleficios, hincándoles en la cabeza espinas grandes y conjurándoles a que matasen, también con dolores agudos de cabeza, a aquellas personas, a quienes, según su intento, esas figurillas representaban.

Finalmente, estaba tan arraigado en los indios el espíritu de superstición, que en todo, hasta en lo más sencillo, veían la intervención de un poder sobrenatural, casi siempre malévolo y propenso a hacerles daño; por lo cual, a cada instante, trataban de aplacarlo y de volvérselo propicio. Si les temblaban los párpados, si les zumbaban los oídos, si se tropezaban, si veían una culebra, si encontraban una mariposa grande, se ponían a temblar, creyendo que les iban a venir males y desgracias. Los graznidos de la lechuza y los aullidos de los perros, principalmente de noche, se tenían como muy siniestros agüeros. Si una mujer paría dos de un parto, se creía que aquel año había de ser estéril, porque no llovería en el lugar donde tal desgracia había sucedido; así era, que las indias mataban siempre a escondidas a uno de los recién nacidos, para evitar la mala voluntad del pueblo. Era objeto de ceremonias supersticiosas el aparecimiento de la enfermedad menstrua en las mujeres; y en los casamientos solían hacer grandes hogueras de chuquiragua, a cuya lumbre se calentaban los novios, pasando de vez en cuando rápidamente por entre las llamas.

La chuquiragua que arde estando aún verde, la coca que fortifica el estómago y quita el hambre, el ispingo oloroso y otra yerba llamada mántur, eran entre los vegetales, plantas sagradas para los antiguos indios, a las cuales les atribuían virtudes secretas maravillosas.

Al pasar un río, al atravesar un arroyo, al subir a un cerro hacían ceremonias supersticiosas. Llegando a lo más elevado de las cordilleras, al lugar en que se partía el camino, tiraban una piedrezuela, una paja, un bocado de coca, u otra cosa, cualquiera, y los más fervorosos se descalzaban a veces las usutas o sandalias y las ofrecían al cerro, para que les aliviara el cansancio y no les causara daño. Toda la naturaleza estaba animada para los indios; en todos los objetos había oculta una divinidad que vivía dentro de ellos, silenciosa, muda al exterior, pero atenta a castigar al que aun inadvertidamente cometiera el más leve desacato contra ella.

Aquí vengo, señor, decía el sacerdote al presentar la ofrenda o el sacrificio a la huaca o ídolo: aquí vengo, señor, y te traigo estas cosas, que te ofrecen tus hijos; recíbelas y no estés enojado con ellos, y dales vida y salud y buenas cosechas; y, diciendo esto, derramaba las ofrendas en el suelo. El sacrificador tenía los ojos bajos y no se atrevía a mirar a la huaca, y los demás se quedaban siempre a no poca distancia del lugar en que ella estaba colocada. Su manera de orar era hincar ambas rodillas en tierra, agachar la cabeza, y alzar los hombros, levantando la mano izquierda: en otras ocasiones daban repetidos besos al aire, como si se derritieran de ternura y fervor.

Era también una práctica supersticiosa la que usaban, conservando el pellejo de la cara de sus enemigos muertos, del cual hacían máscara para sus danzas y bailes religiosos. En medio del montón de maíz ya entrojado, solían poner una mazorca de piedra, que era la deidad tutelar del maíz, y se llamaba sara-mama; y en las sementeras clavaban una piedra delgada bien grande; y ésta, con el nombre de huanca, era adorada para que no les faltasen las lluvias.

Parece indudable, finalmente, que los indios tenían conocimiento de la existencia de un genio maléfico, enemigo de los hombres y tenaz en aborrecerlos; pues los cañaris, si hemos de creer a nuestro antiguo historiador el padre Velasco, hasta le sacrificaban víctimas humanas en un cerro, que le estaba consagrado. Del nombre del genio del mal llamábase en lengua quichua aquel cerro Supay-urco, como quien dice monte del demonio; mas no vayamos a creer que los cañaris y los incas hayan tenido del espíritu de tinieblas las mismas ideas, que de él tenemos nosotros, mediante las enseñanzas del dogma cristiano. Eso sería un error pensarlo. La naturaleza del demonio y sus perversas obras son una revelación debida exclusivamente a la religión cristiana.

Los sacrificios de los cañaris se hacían degollando niños tiernos sobre una ara de piedra, con cuchillos también de pedernal.

Muy poco razonable sería suponer siquiera, que los indios carecían de ideas sobre la existencia y la naturaleza del alma humana. Estaban convencidos de la existencia de ella, y no creyeron nunca que pereciera juntamente con el cuerpo; antes tuvieron un cuidado muy grande de conservar los cadáveres, de sepultarlos con ceremonias supersticiosas y de guardar con ellos todos los objetos que el muerto habría menester, si tornara a la vida temporal, y los que él amaba más cuando vivía. Común era sacrificar a los criados del difunto y enterrar a sus mujeres, eligiendo para semejante triste destino a las más hermosas y queridas, a fin de que acompañaran y sirvieran al muerto en esa otra vida de ultratumba, en cuya existencia creían los indios, pero acerca de cuya naturaleza habían errado miserablemente. Esto no puede sorprendernos, pues aun los mayores filósofos de la antigüedad no alcanzaron a formarse ideas exactas acerca de una verdad tan elevada; y aquí, como en varios otros puntos, la razón humana ha necesitado de las luces de la revelación divina. Los indios se habían imaginado que la vida inmortal del alma separada del cuerpo, era semejante a la que habían pasado aquí en este mundo. Por esto, querían que a los muertos no les faltara nada de cuanto habían estimado más en vida. Creían que las ánimas andaban vagando por cinco días enteros, antes de retirarse a reposar en un lugar misterioso, de cuya existencia no dudaban, pero cuya posición no sabían decir dónde estaba. Durante esos cinco primeros días que seguían a la muerte, se imaginaban ver a sus queridos difuntos ya en los campos, ya en las sementeras, vagando mustios y silenciosos.

En la manera de sepultar los cadáveres y en el estilo, dirémoslo así, de los sepulcros había gran diversidad, no sólo de una nación a otra, si no aun entre las tribus de una misma nación. En Tomebamba los cañaris cavaban un hueco profundo en la tierra, aderezaban sus paredes con piedras toscas, formando una cavidad cilíndrica bastante ancha, y allí depositaban el cadáver, sentado, con las rodillas al pecho y los brazos cruzados. En Chordeleg hacían un hoyo espacioso y profundo, y tendían de espaldas el cadáver: a un lado excavaban otro hueco, en que ponían todos los tesoros del muerto, y en el mismo sepulcro enterraban también otros cadáveres, sin duda los de aquellas personas que se habían matado para servir a su señor más allá de la tumba. El cadáver que se encuentra solo en el fondo sería, talvez, el del patrón o régulo, y los que se hallan enterrados encima, los de sus esposas y sirvientes. Nos confirma en esta conjetura una circunstancia particular, pues cada serie de cadáveres estaba separada de la otra por una capa de tierra. Los muertos habían sido sepultados, tendidos de espaldas a la redonda, con la cabeza apoyada en las paredes, y los pies hacia el centro del sepulcro.

En varias tumbas no había más que un solo cadáver; pero en una se encontraron muchísimos, y un número muy considerable de hachas de cobre, lo cual manifiesta que allí estaban enterrados muchos guerreros, que perecieron al mismo tiempo. ¿Fueron, acaso, los que mandó matar el inca

Atahuallpa?... Este sepulcro se halló en Huapan, y de él hicimos ya mención en otra parte.

El gran número de sepulcros que se han descubierto en Chordeleg, las grandes riquezas que se hallaron en ellos, la semejanza de su construcción y el orden y simetría de su colocación, según un plan determinado, manifiesta que Chordeleg era un lugar sagrado para los cañaris. Acaso, hubo allí un templo, y las sepulturas de los régulos de toda una comarca estaban alrededor del santuario. ¿Era, tal vez, allí donde principiaba la colina misteriosa de Huacay-ñan, de que hacen mención las fábulas religiosas de los cañaris?... ¿Quién lo sabe?...

Otros colocaban los cadáveres en las hendiduras de las rocas, escogiendo para este objeto los puntos más elevados e inaccesibles. Todavía se encuentran de repente algunas de esas momias en los lugares secos, donde las condiciones favorables del aire y del suelo han contribuido a preservarlas de la corrupción. Envueltas en sus mantas de lana, se las halla acurrucadas, como si estuviesen escondidas durmiendo.

II

No es necesario reflexionar mucho para comprender que en las antiguas naciones indígenas del Ecuador no pudo existir la familia ni el verdadero hogar doméstico. Los indios tenían en sus costumbres la poligamia: no obstante, las madres eran amorosas a sus hijos, y, cuando pequeños, los criaban ellas mismas, alimentándolos a sus propios pechos, y poniéndolos sobre sus espaldas, los llevaban cargados aun en viajes largos.

La tribu, familia o parcialidad era gobernada por un jefe, cuyo poder se puede decir que era discrecional. La tribu le obedecía, y todos contribuían a su mantenimiento, sirviéndole y cultivando sus campos. Los jefes de las diversas naciones no siempre tenían un régulo a quien sujetarse, sino que se congregaban todos ellos en asamblea general, para deliberar acerca de los intereses comunes, y entonces prevalecía sobre los demás el de mayor prestigio y autoridad. Los puruhaes tenían un rey: los cañaris formaban una confederación.

Por lo que respecta a la trasmisión del poder, hemos dicho ya antes que pasaba de padres a hijos por herencia, prefiriéndose el hijo, y, a falta de éste, el hijo de la hermana, y no el hijo del hermano.

Las naciones indígenas ecuatorianas conocían el derecho de propiedad, habían dejado de ser nómadas y cada familia se hallaba establecida en una porción de terreno, que cultivaba con su trabajo; y cada tribu o parcialidad conocía poco más o menos los límites, dentro de los cuales estaban las tierras y las aguas de que podía disfrutar. Solían edificar casas y hasta embellecer, a su modo, el lugar de su morada.

Las casas se construían ordinariamente de tierra en las poblaciones interandinas, empleando como material de construcción para las paredes el adobe, al que le sabían dar consistencia, mezclando y amasando el barro con paja. Los cañaris solían hacer uso de la piedra, fabricando las paredes de sus casas con las piedras de los ríos: en las ruinas, que aun quedan de los antiguos edificios de los cañaris a una y a otra orilla del Jubones, las piedras no tienen labor ni pulimento alguno, y se han empleado con aquella misma tosquedad y rudeza nativa que tenían en el albeo del río, de donde fueron sacadas. Los constructores no tuvieron más trabajo que el de tomarlas del río, y acomodarlas en los muros que iban edificando. No empleaban mezcla; y parece indudable que no conocieron el uso de la cal, pues en los escombros de sus edificios las piedras están unidas por medio de una masa de tierra o lodo, preparado sin ningún artificio.

La forma de las casas no era siempre la misma, sino que variaba en los diversos pueblos: en unos era casi redonda; en otros, cuadrangular; y los cañaris las tenían elípticas, y con dos puertas; a lo menos así parecen haber sido las de sus jefes. El techo lo formaban siempre de palos, amarrados con sogas de cabuya, dándole una forma cónica o piramidal, y cubriéndolo de paja en el vértice o a uno de los lados, le abrían una chimenea pequeña, para que por ahí saliera el humo del hogar. Ninguna casa tenía ventanas, y todas eran de un solo piso: las puertas se formaban de maderos delgados, unidos por medio de cuerdas o bejucos de ciertas plantas, según la comodidad de cada pueblo. En otros, la puerta era una manta o un cuero, con que se tapaba la entrada. Pero en ciertos pueblos muy pobres de los puruhaes, la habitación de los indios se reducía a una choza rústica, sustentada en la tierra por horcones de madera. Una cosa se hace digna de atención, y es la manera cómo orientaban las casas, construyéndolas siempre de modo que, la culata, de ellas diese de frente contra el viento dominante en cada localidad. Si los vientos eran muy fuertes y el lugar muy desabrigado, entonces parte de la casa se construía dentro de tierra, para que estuviese abrigada.

Entremos ahora al interior de las casas de nuestros antiguos indios. El objeto principal era el fogón o tulpa, formado de piedras o tierra, a manera de corona, para que descansaran las ollas por medio de uno o más respiraderos se atizaba el fuego, el cual se cuidaba de tenerlo constantemente encendido: de noche, vivo en grandes candeladas, a cuya lumbre comía la familia; y de día, adormecido bajo el rescoldo. Sólo los cañaris parece que conocían la fabricación del carbón vegetal, porque en los sepulcros de Chordeleg se halló en no poca cantidad: todos los demás indios, acaso, no usaban más que de la leña seca para sus hogares.

El fogón, las ollas, los cántaros para la chicha, el hacha de cobre o de piedra en las casas de los pobres, y los vestidos de gala y los adornos de oro y de plata en las de los caciques, y en todas el atado o envoltorio en que se guardaban el cúnchur y el chanca, esas deidades tutelares del hogar, tal era el menaje de la habitación de los indios de nuestras comarcas, cuando las dominaban los incas.

Antes dijimos ya, cómo se construían las casas en los pueblos de la costa, y nos parece inútil repetirlo de nuevo, en este lugar.

III

Pueblos sedentarios, que tenían hogar fijo, no podían menos de ser agricultores, y agricultoras eran, en efecto, todas las antiguas naciones indígenas ecuatorianas. Cultivaban el maíz, cereal nativo de América, del cual tenían varias especies, acomodadas a determinados terrenos y temperamentos. El maíz lo comían cocido en agua, tostado al fuego en tiestos, y molido. De su harina hacían pan, para los sacrificios de sus dioses, y ciertas pastas delicadas cocidas en agua hirviendo, de las que usaban en ocasiones de regalo. La quinua, de dos especies, blanca y colorada, de cuya fécula también solían hacer pan, suplía en las localidades frías al maíz, que requiere temperamentos más benignos. El maní, llamado inchic, y varias clases de frisoles, cultivados a par del maíz, eran las plantas que tenían los indígenas de estas provincias entre las leguminosas. De las tuberculosas, cultivaban para su alimento no pocas variedades de la papa, la oca, la jícama y el desabrido pero sustancioso olloco: en las provincias del litoral se daban además los camotes, conocidos generalmente con el nombre de batatas, de los cuales había dos especies, la blanca y la morada.

Las hojas de la quinua y las del nabo, de tallos delicados, que crece espontáneamente en los campos, les aprovechaban para guisar una cierta manera de ensalada, unas veces cruda, y otras reducida a masa, mediante el fuego, haciéndola hervir en agua natural. De las cañas tiernas del maíz extraían dulce, exprimiéndoles con la mano el jugo azucarado; y el ají, uchu, era el condimento más apetecido, con que sazonaban su comida.

En las partes frías y secas, donde las llanuras de arena no proporcionan comodidad para otros cultivos, hacían plantaciones de altramuces americanos, que llamaban chochos en la lengua quichua; y de los valles calientes sacaban varias frutas regaladas. La palta o aguacate, que tan sabroso le pareció al inca Tupac Yupanqui, se daba en los valles abrigados de la provincia de Saraguro; la piña campeaba entonces como ahora en las playas ardientes y húmedas del litoral; la chirimoya era cultivada en todos los puntos, donde un clima templado podía hacerla madurar y sazonar; los árboles frondosos del capulí hermoseaban: las heredades de los cañaris, y eran por ellos adorados como deidades campestres; en fin, algunas especies de plátano completaban la lista de los platos o postres en la sobria mesa de nuestros antiguos indios.

No había casa en la que no se criasen manadas más o menos numerosas de cuyes. Esos roedores le servían al indio de víctimas para sus sacrificios domésticos, y de potaje apetecido en sus fiestas y diversiones. Algunas tribus de la provincia de Manabí habían domesticado una ave llamada zhuta en la lengua de ellos. Era ésta una especie de pato o palmípeda, de carne buena para comer, y de ellas solían mantener muchas en las casas, donde se criaban en estado de domesticidad.

No conocieron el arado ni habrían podido emplearlo en la labranza del campo, porque carecían absolutamente de animales domésticos a propósito para ese efecto. Y para sembrar las semillas, se valían de una estaca puntiaguda de madera, con la que formaban un hueco en el suelo, y, echada la semilla, la cubrían con la punta del pie, cobijándola y tapándola con tierra. Éste era su modo ordinario de sembrar el maíz. De los puntos feraces de la costa sacaban la yuca y la papaya; y, en compensación, en las tierras frías tenían plantas trepadoras de dos especies distintas, que les producían los zambos, de sabor dulce, frescos y abundantes, y los zapallos, de pulpa anaranjada, con que así pobres como ricos variaban los manjares de su mesa, permutando en un comercio rudimentario, los frutos de sus campos, mediante los fáciles esfuerzos de una imperfecta agricultura.

El perro, ese compañero fiel del hombre en todas partes, lo fue también del indio ecuatoriano en los tiempos antiguos; pues en sus casas mantenían algunos individuos pertenecientes a ciertas especies pequeñas, que parecen nativas de este continente.

Las necesidades de la agricultura les obligaron también a observar el aspecto del cielo, a notar con cuidado las fases de la Luna y a distinguir muy bien la posición de unas pocas constelaciones. La que conocieron y distinguieron mejor fue la de las siete cabrillas (las Pléyadas), que fijaba y reglamentaba la época de las alegres fiestas de la cosecha del maíz, en el mes de junio.

No sin fundamento se asegura, que las tribus que poblaban el centro de la provincia de Manabí, principalmente las que se hallaban establecidas cerca de Manta y Picoaza, conocían la distribución del tiempo en semanas de a siete días, y que tenían uno de ellos consagrado especialmente a funciones y prácticas religiosas, llamándolo en su lengua con el nombre de Tepipichinche.

Es indudable que ninguna tribu conoció ni usó moneda de ninguna clase, limitándose en sus transacciones comerciales a cambiar unos objetos por otros.

No obstante, si alguna de las antiguas naciones indígenas ecuatorianas conoció la moneda y la empleó en sus transacciones comerciales, ésa fue, talvez, la de los cañaris; pues entre los muchos y variados objetos extraídos de los famosos sepulcros de Chordeleg, se hallaron también considerables cantidades de conchas marinas pequeñas de color rosado, cuentecitas de piedras menudas y cascabelitos de oro. Las conchas unidas en sartas de diversos tamaños, y los cascabeles de formas graciosas, a manera de tamborcillos o dados de oro, primorosamente trabajados. ¿Eran estos objetos la moneda de que se valían los cañaris? ¿Habrá algún fundamento para conjeturarlo? Los mayas, pobladores de Yucatán, eran muy aficionados al comercio, y en sus negocios y excursiones mercantiles empleaban granos de cacao, cuentas menudas de piedra, conchas pequeñas de colores, cascabeles y campanillitas de oro, como moneda, de precio conocido y uso corriente entre ellos. Las conchas solían estar unidas asimismo en sartas, más o menos largas, según las cantidades que representaban. Éstas ¿serán meras coincidencias solamente? O, acaso, ésta no sólo semejanza, sino hasta identidad de objetos, ¿provendría de relaciones de raza y de comunidad de origen? ¿De dónde vinieron los cañaris? ¿a qué raza pertenecían?

Los indios de la Puná, en su tráfico mercantil, empleaban una imperfecta balanza de cordeles para pesar, y con ella viajaban en sus excursiones por la costa. Habían discurrido también la vela latina para sus balsas, y así no temían salir mar afuera, subiendo hasta Túmbez y otros puntos más distantes.

La industria del tejido de lana nos parece que o fue enteramente desconocida en la mayor parte del Reino de Quito antes de la dominación de los incas, o, si fue conocida, hubo, sin duda ninguna, algún comercio de lana sin tejer que se traería del Perú; pues no existía aquí en el Ecuador ningún rumiante, de cuya lana se pudieran haber aprovechado para sus vestidos nuestras antiguas naciones indígenas. Se hilaba y tejía el algodón; se curtían y adobaban algunas pieles y además se extraían las fibras del Maguey, y con ellas se hacían muy buenas telas y mantas, que en su grosor remedaban las de cáñamo burdo usadas en Europa. Con las mismas fibras de la cabuya preparaban unas trenzas muy compactas y parejas, de las que hacían una especie de plantillas para los pies, supliendo de este modo la falta de cuero para su calzado.

La raza de los indios, tenaz y aferrada a sus costumbres, ha conservado hasta ahora muchos usos y prácticas de las que tenía antes de la conquista de los españoles. No se horadan la nariz ni llevan colgados de ella pendientes de oro ni joyeles curiosos de plata; pero aun gustan las mujeres de traer al cuello gruesas sartas de granos de cristal de colores vistosos, y las orejas siempre llevan adornadas con zarcillos y aretes, a la usanza española antigua.

El vestido ha mejorado en punto a la condición de las telas, empleadas ahora para hacerlo; pero todavía la forma del que usan las indias es muy impropia de un pueblo culto y civilizado, que tiene en mucho la honesta elegancia en el vestir. Por lo que respecta al tocado, los incas habían establecido como ley de su imperio, que cada nación usara de un adorno especial para la cabeza, con prohibiciones severas para que un pueblo no tomara el adorno de otro, y para que cada cual conservara sin variación el tocado distintivo que se le había señalado.

Tan escrupulosamente se guardaba esta costumbre, que bastaba ver a un indio para conocer al punto la tribu o parcialidad a que pertenecía, por el adorno que llevaba en la cabeza. De los pueblos ecuatorianos, sabemos que los cañaris usaban una corona hecha de calabaza, la cual, a manera de un aro de cinta, de tres dedos de anchura, les ceñía la frente y la cabeza; por esto eran apellidados con el apodo de cabezas de calabaza, mati-uma.

Los puruhaes se ataban a la cabeza la honda o huaraca, en cuyo manejo eran diestrísimos; pues derribaban una fruta de un árbol, señalándola y determinándola antes, y mataban a los pájaros que iban volando.

Unos llevaban la cabellera crecida, otros se cortaban el pelo y se rapaban prolijamente las barbas, empleando para esto una especie de navajas de pedernal; aunque lo más común era que unos quitasen la barba a otros, arrancándola prolijamente de pelo en pelo, sin dejarla crecer. Quizquiz fue celebrado, porque era quien, cuando niño, le quitaba la barba al inca Huayna Capac, arrancándosela así con maña, de pelo en pelo, sin causarle dolor.

También solían arrancarse las pestañas, principalmente del ojo derecho, para ofrecerlas en sacrificio al Sol, soplándolas al aire, como quien las enviaba al astro; lo cual hacían cuando se veían apurados por alguna necesidad y, no tenían a la mano nada que ofrecer. El indio estaba habituado a presentarse delante de sus ídolos y delante de sus superiores con algún obsequio; algo había de llevar, aunque no fuera más que un puñado de granos de maíz o siquiera un ramillete de flores, tomadas por ahí en los campos, o un haz de leña que echaba a las espaldas: con las manos vacías no se presentaba nunca.

Ahora es casi de todo punto imposible distinguir, con toda precisión, los usos y costumbres genuinamente ecuatorianos de los introducidos en estas provincias por los incas o soberanos del Cuzco: ¿qué aprendieron los conquistadores peruanos de las naciones indígenas del Ecuador, que ellos vencieron y dominaron? ¿hasta qué punto el gobierno de los incas modificó las costumbres de las naciones ecuatorianas? En la religión, en la manera de vida y, sobre todo, en la agricultura, creemos que las tribus indígenas de nuestras provincias ecuatorianas recibieron una transformación notable, mediante el gobierno de los incas: éstos, si en el Ecuador no introdujeron, a lo menos propagaron el uso y el cultivo de algunas plantas y semillas muy útiles y provechosas. El maní regalado, que gusta de climas abrigados; la nutritiva yuca, tan abundante en las provincias de la costa, fueron, a lo que parece, más apreciados y mejor cultivados, merced a la influencia de los señores del Cuzco; y la fortificante coca fue, sin duda ninguna, traída por ellos con los mitimaes del Collao a los valles calientes de las provincias ecuatorianas. Tenemos como muy probable que antes no era cultivada.

En Medicina nuestros indios antiguos no tuvieron ocasión de hacer progreso ninguno; para ellos toda enfermedad era causada por la influencia directa maléfica de los ídolos, irritados con los hombres, por las ofensas que éstos habían cometido advertida o inadvertidamente contra ellos; y, por lo mismo, se curaba ante todo, con sacrificios, con conjuros y supersticiones religiosas. De la Cirugía no tuvieron más conocimientos que los que les eran necesarios para el sacrificio de las víctimas humanas, para la estrangulación de sus enemigos hechos prisioneros en la guerra, para el embalsamamiento de los cadáveres de sus mayores y para la conservación de los pellejos de los muertos y reducción de sus cabezas a pequeñísimo volumen. Todo su sistema curativo se reducía a baños, bebidas y frotaciones, empleando para ello varias yerbas, cuya eficacia les había dado a conocer la experiencia. Entre sus remedios merece un recuerdo especial la Cascarilla, usada como febrífugo por las tribus de los paltas, y dada a conocer más tarde a los misioneros, con incalculables ventajas así para el comercio, como para la Medicina.

Por otra parte, la vida sencilla de los indios, las condiciones de sus pueblos, ventajosas para la salud, y su sistema de alimentación, contribuían muy mucho a conservarlos sanos, robustos y libres de las consecuencias, a que viven sometidos los pueblos modernos, por los resabios de su civilización.

Las tribus de la costa de Esmeraldas habían descubierto el modo de purificar la sal marina, por medio de legía, hecha con la ceniza de las raíces de mangle quemadas: mezclaban esa legía con el agua del mar y la hacían hervir hasta que se cuajara, y después separaban la ceniza de la sal. Navegaban en canoas falcadas, en balsas y aun en naves pequeñas hechas de cuero, manera de navegar muy usada por los indios de las costas del Perú, mucho tiempo antes de que los conquistas en los incas.

IV

Respecto a la cultura intelectual y moral, no sabemos ni podemos decir nada con certidumbre. Sus leyes penales, el procedimiento que observaban en sus juicios, el orden civil y la distribución del tiempo nos son completamente desconocidos. Se nos refiere, en general, que componían cantares o romances, en los cuales se conservaba la memoria de sus antepasados y de los hechos más notables que se habían verificado. Estos poemas históricos se cantaban en sus fiestas y regocijos públicos; pero, por desgracia, ni una sola de esas composiciones ha llegado hasta nosotros. Su música no había alcanzado todavía ni la más rudimentaria perfección artística; y en los aires y tonadas de sus instrumentos predominaba, sin duda, una nota de tristeza y de melancolía, como en los de los incas.

Sus bailes o danzas eran diversos, y cada nación y cada provincia tenía los suyos propios. Unos eran lentos y monótonos, verdadero zapateo más bien que baile; y otros consistían en brincos, vueltas y rodeos. En sus funciones, ya guardaban profundo silencio, ya estallaban en algazara estrepitosa, aturdiéndose unos a otros con gritos y carcajadas. Para estas fiestas, que de ordinario eran prácticas y ceremonias supersticiosas, se adornaban con joyas y preseas de oro y de plata, usaban de máscaras grotescas, se cubrían las espaldas con pieles de animales y se coronaban con gorras o capacetes, en que llevaban halcones disecados, cabezas de jaguar o algún otro objeto raro y vistoso. Los cañaris daban autoridad a sus personas con tiaras grandes de oro, en las que ostentaban mascarones del mismo metal precioso, o plumajes delgados y cascabeles también de oro. En estas ocasiones era cuando se ponían brazaletes, pecheras y coronas de oro y de plata, y colgaban a la frente unas medias lunas asimismo de oro o de plata, según la riqueza de cada cual. Las mujeres tocaban tamborcillos, y alternaban, cantando, en los bailes.

Por los objetos sacados de los sepulcros, se deducen los adelantos que habían hecho en el arte de fundir y trabajar el oro y la plata. El laboreo de las minas debió ser también muy aventajado, y la explotación de los metales muy antigua; pues de otro modo no se habría podido acumular esa gran cantidad de metal, empleada en tantos y tan diversos objetos. Sabían hacer dúctil el oro y reducirlo a láminas finísimas; y poseían el secreto de soldar una lámina de oro con otra de plata tan bien, que no se distinguía en qué punto estaba la soldadura.

Los objetos de cerámica llaman la atención por lo fino del barro, y por su consistencia y dureza. En muchas piezas está de manifiesto el buen humor de los dueños para quienes eran trabajadas: el artífice remedaba gestos caprichosos en las caras que figuraba, o hacía alarde de la inventiva de su imaginación, combinando rasgos de objetos diversos. Esas fisonomías, groseramente modeladas, sin proporciones ni dibujo, expresan, no obstante, de una manera sorprendente algún afecto del ánimo; ya retoza la alegría en esas caras tan sonreídas; ya la angustia gime y llora en esas facciones toscas, pero diestramente figuradas.

V

Entre las naciones indígenas, que poblaban el Ecuador antes de la dominación de los incas, no había una sola lengua común; sino que se hablaban diversos idiomas, los más extendidos de los cuales eran el de los quillasingas, el de las tribus de machachi, el de los puruhaes, con los dialectos de los pillaros y hambatos, el de los cañaris y el de los paltas. En la costa había tantos idiomas como tribus o pueblos, porque cada uno hablaba el suyo propio. Se dice que los caras, que dominaban en Quito, hablaban la misma lengua que los incas del Perú, lo cual empero hasta ahora no ha llegado a probarse convenientemente. Tantos idiomas diversos, tal vez, argüirían orígenes también diversos; pero, ¿hasta qué punto eran diversos esos idiomas? ¿Habían nacido de distintas raíces? ¿eran, acaso, dialectos oriundos de una sola raíz primitiva? Nada puede decirnos la Historia, pues los documentos, para investigar puntos tan importantes y curiosos, faltan por completo.

Del arte o ciencia de escribir podemos afirmar lo mismo. Lo único que nos consta es, que los quipos peruanos eran desconocidos enteramente en el Ecuador antes de la dominación de los incas. Los caras escribían por medio de piedrecillas de distintos tamaños, figuras y colores. En Quito, en el sepulcro real, donde descansaban embalsamados los cuerpos de los scyris, había, al lado de cada cuerpo, un estantillo de barro, en que, con las piedrecillas escriturales, se relataban los hechos del muerto; pero el sepulcro fue violado y la mano del conquistador dispersó completamente ese frágil archivo de los soberanos de Quito; y cadáveres, y escritura misteriosa y sepulcro, ¡todo pereció!...

Nos atrevemos a conjeturar que también hubo otra manera de escritura entre los indios del Ecuador. Cabello Balboa refiere que el testamento del inca Huayna Capac se redactó en Quito; y, explicando la manera cómo se hizo, dice que en un bastón se trazaron ciertas rayas y señales, por cuyo medio se ponía de manifiesto la última voluntad del Inca. Este bastón se entregó a los quipocamayos, encargados no sólo de custodiarlo, sino de interpretarlo. Conocían, pues, en Quito dos maneras de escritura, en tiempo de Huayna Capac: la de los quipos o cordeles, general y muy usada por los incas; y la de madera, figurativa, en bastones, por medio de líneas y otras señales, y los indios sabían no sólo descifrar los quipos, sino también interpretar los bastones.

Cuanto más se examina la naturaleza de la escritura de los quipos, tanto más se convence uno de que semejante modo de expresar el pensamiento era a propósito solamente para asuntos aritméticos: los quipos no podían servir, pues, más que para consignar datos estadísticos, cantidades numéricas, como las cuentas de los tributos, el censo de la población; pero otra clase de conceptos no podía expresar semejante escritura. La que se valía de la madera y de signos convencionales trazados en ella, era, pues, más adecuada para la expresión de ideas morales; y el testamento de Huayna Capac lo da a entender muy claramente. Montesinos, el analista del Perú, refiere que en tiempos antiguos era conocida una escritura en letras o signos gráficos, y que uno de los soberanos del Perú la prohibió en todo su imperio; pero, ¿lograría este monarca destruir por completo el arte de escribir? ¿Su poder y autoridad se extenderían también sobre las antiguas naciones indígenas del Ecuador?. El docto padre Acosta nos habla de signos conocidos y empleados en el Perú para expresar ideas morales y conceptos abstractos, como los misterios católicos y los mandamientos de la religión cristiana. Como en el Ecuador no se había inventado la industria de fabricar telas de maguey para que hiciesen las veces del papel, muy razonable es suponer que los indígenas hayan echado mano de algún otro arbitrio y empleado la madera como material apto para dar vida a la expresión de sus pensamientos.

Esta conjetura histórica nos parece tanto más fundada, cuanto casuales descubrimientos arqueológicos han contribuido a fortalecerla. En efecto, en los famosos sepulcros de Chordeleg encontraron muchísimos bastones hechos de las mejores y más incorruptibles maderas, que hay en los bosques ecuatorianos. El tamaño de esos bastones hace pensar que no estaban destinados para apoyar el cuerpo, en ellos, llevándolos en la mano, pues eran relativamente pequeños: estaban además primorosamente forrados en láminas delgadas de plata y de oro, y, lo más notable era que, tanto en las láminas de aquellos metales preciosos, como en la madera misma tenían grabadas ciertas rayas y figuras muy curiosas. Hubo sepulcros en los cuales se encontraron hasta más de treinta de estos bastones; y no estaban aislados sino unidos en haces, por medio de una cinta o franja de oro que les servía de lazada. ¿Qué uso tenían estos bastones? ¿Eran simplemente una prenda de lujo o de adorno para aquellos antiguos y desconocidos régulos de los cañaris, o representaban, como los ladrillos de Nínive y de Babilonia, los anales de una monarquía de la que apenas ha hecho una ligera mención la historia? Nadie se tomó el trabajo de reflexionarlo, ni aun se pensó en ello siquiera: los bastones, despojados de las ricas láminas que los cubrían, fueron arrojados al fuego.

Los cañaris sabían trabajar la madera y también trazar planos de sus pueblos, y hasta de provincias enteras. Cuando el conquistador Benalcázar llego a Tomebamba, emprendiendo la conquista del Reino de Quito, un cacique o régulo de los cañaris le dio un plano de todo el camino que había de seguir hasta avistarse con el ejército de Rumiñahui, acantonado en la provincia de los puruhaes. El cronista Castellanos dice que ese plano estaba trazado en una manta.

De los tan célebres sepulcros de Chordeleg se sacó un objeto en madera, muy curioso y digno de estudio. Estaba cubierto de una lámina delgada de plata y tenía grabados cuatro cocodrilos, topándose con sus hocicos en los cuatro lados del plano cuadrangular, y además unas cuantas caras de perfil, con un tocado a manera de corona. ¿Qué representaba este objeto? ¿Cuál era su destino? Nosotros le hemos dado el nombre de El plano de Chordeleg.

De la lengua de los antiguos cañaris no nos quedan más que unas pocas palabras, conservadas por una dichosa casualidad. Las pondremos aquí, con la misma manera de escribirse con que están en el antiguo documento histórico, donde hemos tenido la fortuna de encontrarlas, y procuraremos interpretarlas, restituyéndolas primero a la pureza de su genuina ortografía, mediante conjeturas que no carecen de sólidos fundamentos.

He aquí las palabras.

Tamal-aycha era el nombre que el río Jubones tenía en la lengua de los cañaris, y quiere decir el Comedor de hombres: llamósele de los jubones, porque, cuando la conquista, se arrebató una carga en la que había solamente jubones.

Leo-quina significa laguna de la culebra, y así era llamada la laguna que está sobre el pueblo del Sígsig, en lo más yermo de la Cordillera Oriental. Según las tradiciones de los cañaris, ahí en esa laguna se había ahogado en muy remotos tiempos una enorme culebra, por eso, la laguna misma era adorada, y la culebra figuraba entre los símbolos míticos de su religión.

Guap-don-deleg quiere decir llano espacioso como el cielo, y tal era el nombre que daban en su lengua los cañaris a la extensa llanura, donde, andando el tiempo, se fundó la ciudad de Cuenca.

El valle del Azogue se llamaba en la misma lengua Peleu-sy, que equivale a flor amarilla, por las muchas retamas que crecen en aquellas cañadas y colinas.

Los cañaris, según dijimos antes, adoraban como su dios principal a la Luna, y contaban el tiempo dividiéndolo en meses lunares, y de doce de estos meses formaban un año.

Tales son las noticias, que, con grande trabajo y mucha paciencia, hemos podido reunir acerca de las condiciones sociales, en que se encontraban las antiguas naciones indígenas ecuatorianas, conquistadas y avasalladas por los incas del Perú.

CAPÍTULO V

I

En una historia general de la República o Nación ecuatoriana no es oportuno ni necesario referir menudamente todas las tradiciones, que los indios del Perú solían contar respecto al origen de los incas; ni sería conveniente tampoco narrar todas las hazañas y conquistas de los monarcas del Cuzco: basta exponer tan sólo aquellas noticias que sean indispensables para comprender bien los resultados de la conquista y la influencia, que ejerció la civilización incásica sobre las antiguas tribus o naciones indígenas del Ecuador.

Si una crítica severa e ilustrada examina despacio las narraciones, que en punto al origen de los incas, nos han dejado Garcilaso y otros historiadores antiguos, no podrá menos de desecharlas inexorablemente, como fábulas, desnudas no sólo de verdad, sino hasta de verosimilitud. ¿Cómo podrá aceptar un historiador discreto ese súbito aparecimiento de los dos misteriosos hermanos, que llegan de repente a la llanura del Cuzco? ¿Cómo no rechazar lo que refiere la leyenda de los prodigios de civilización, que en beneficio de las behetrías indianas obraron tan fácilmente ese hermano y esa hermana, ambos, por añadidura, hijos del Sol? Lo mismo podemos decir respecto de todas las demás leyendas relativas al origen de la dinastía divina de Manco Capac.

Esas leyendas fueron, sin duda ninguna, forjadas por los poetas o romanceros de la corte del Cuzco, para dar mayor prestigio ante el pueblo a la afortunada familia de sus monarcas, y, por lo mismo, la Historia no puede salir por garante de la verdad de ellas.

La civilización de los incas no pudo ser idea de un hombre solo; antes, por el contrario, la empresa de Manco Capac supone un pueblo ya formado, imbuido de antemano en las mismas ideas, adorador del Sol y dispuesto para la obediencia a un jefe, astuto y afortunado. La vida misma, y hasta la existencia de Manco Capac como persona individual, pudiera poner en duda y aun negar una crítica severa; pues la índole de la lengua materna de los incas, de la lengua quichua, es una prueba invencible de que la civilización de los hijos del Sol fue el fruto espontáneo, o, acaso, el reflorecimiento de una cultura anterior, lentamente elaborada. En las altas mesetas de los Andes peruanos hubo, pues, indudablemente una raza antigua, de cuya civilización, y cultura quedaron vestigios notables: el imperio de los incas en el Cuzco aparece, cuando el poderío de esas antiguas tribus había decaído completamente. ¿Podremos creer que el fundador de la dinastía del Cuzco no debió nada a esas antiguas razas? El iniciador de la civilización incásica ¿sería, como sostiene la leyenda de Garcilaso, sin precedentes ningunos en la historia del pueblo, en medio del cual apareció? No podemos suponerlo, y así creemos muy probable, que la civilización de los incas fue el resultado de otra civilización, mucho más antigua, que desapareció de las altas llanuras meridionales del Perú, dejando rastros y vestigios, que, andando el tiempo, volvieron a tomar vida nueva, modificados por la astucia previsora y la sagacidad política de los sucesores de Manco Capac.

Así, pues, al primer Inca no se debe atribuir la civilización del Cuzco tal como la encontramos en tiempo de los dos últimos, del gran Tupac Yupanqui y de su hijo Huayna Capac. En la civilización incásica hay cosas que no pudieron concebirse ni ponerse por obra, sino cuando ya el poder de los monarcas del Cuzco se hubo aumentado mucho, y cuando su despotismo teocrático hubo echado hondas raíces en la conciencia de sus súbditos. El comunismo socialista absorbente y la adoración tributada al soberano fueron, sin duda, inventados y puestos en práctica no en los principios de la monarquía, sino cuando ésta hubo prosperado ya mucho y héchose fuerte con las victorias y poderosa por sus conquistas.

El culto del Sol, la adoración de este astro como una suprema divinidad, y, acaso, también las nociones astronómicas relativas a la duración del año y a la sucesión de las estaciones en esta parte del hemisferio occidental, fueron obra de la raza quichua antigua, de en medio de la cual surgió en tiempos posteriores la dinastía de los incas. Éstos fueron quienes discurrieron más tarde el sistema religioso y la mitología política del imperio. Inventaron la personalidad divina del Sol, atribuyeron vida, semejante a la humana, al astro y se hicieron tener por descendientes de una primera pareja, que, según la leyenda imperial, había sido el fruto de los celestes amores del Sol y de su hermana y esposa la Luna.

Hay, por tanto, una diferencia muy notable entre la religión de los incas y la religión de los scyris: los incas y los scyris adoran al Sol, como a la primera y suprema divinidad de su culto; pero los incas modifican notablemente las nociones relativas a la naturaleza del astro, y fundan en esas nociones toda un sistema de gobierno; los scyris tributan adoración al Sol, rinden culto a la Luna, haciendo de entrambos astros las principales deidades de su religión, pero no se divinizan a ellos mismos, ni inventan genealogías divinas para su raza.

La conquista de los incas modificó, pues, radicalmente las teorías religiosas de los caras, que dominaban en Quito, porque propagó y difundió la idea de que la familia misma de los soberanos era divina y de una naturaleza superior a la de los demás hombres; y, acaso, esta propaganda, que los incas habían hecho en beneficio de su raza, contribuyó poderosamente a facilitar la conquista de los españoles, a quienes no les costó trabajo hacerse pasar ante los fanatizados indianos por seres sobrenaturales e hijos también ellos del Sol, como sus Incas.

Donde quiera que asentaban su dominación, allí enseñaban los incas el culto del Sol, según su teoría religioso-política; levantaban templos a la divinidad visible, de la que se proclamaban descendientes, y regularizaban el sistema de administración gubernativa, fundado en la adoración del Sol y del Inca. Así vino a modificarse la manera de ser de los caras de Quito, respecto de su sistema religioso.

Los conquistadores peruanos consideraron a Quito como ciudad sagrada, Huayna Capac la prefirió constantemente para su residencia habitual, e hizo de ella la segunda corte de su imperio y hasta cierto punto la rival del Cuzco, como lo referimos ya en otro lugar. No tuvo necesidad de construir templo al Sol, bastándole solamente enriquecer el que habían edificado los scyris; y, acaso, para deleitarse tanto en Quito, le estimuló un sentimiento supersticioso hacia esta ciudad, donde, por su situación geográfica, parece como que el Sol se complace en reposar, lanzando a plomo sobre ella desde el cenit sus rayos esplendorosos. A lo menos no carece de fundamento la opinión de los que piensan que esta antigua capital de los scyris, por su posición casi matemática debajo de la línea equinoccial, fue mirada con supersticioso respeto por los caras y los quichuas, adoradores del Sol.

Por el testimonio del analista Montesinos, sabemos que el inca Tupac Yupanqui, quiso hacer a Quito semejante en todo al Cuzco; y que, conquistada la ciudad, puso a los cerros que le rodean los mismos nombres que tienen los que ciñen a la ciudad del Cuzco: así al del Oriente le llamó Anachuarqui; al del Occidente, Huanacauri; al del Norte, Carmenga y al del Sur, Yavirac, nombres que han desaparecido completamente con el tiempo.

II

En el territorio del Reino de Quito edificaron los incas varios templos al Sol, y entre ellos los más famosos fueron el de Caranqui al norte y el de Tomebamba al sur. Los que levantaron en Latacunga, Liribamba y

Achupallas debieron ser sencillos, sin adorno alguno que mereciese llamar la atención. En esos templos fundaron el culto del astro del día con todas aquellas ceremonias, fiestas y prácticas supersticiosas que se acostumbraban en el Cuzco; instituyeron colegios de sacerdotes empleados en el ejercicio del ministerio religioso, y edificaron casas de escogidas, que se ocupaban en trabajar las cosas necesarias para el servicio del templo y que no podían hacer por sí mismos los sacerdotes.

Fundado el culto del Sol, a la manera del Cuzco, dejaron, no obstante en libertad los incas a las naciones ecuatorianas para que cada una continuase practicando su propia religión y a adorando sus propios dioses. El imperio de los incas se componía de innumerables naciones indígenas, que hablaban lenguas distintas, tenían costumbres propias y practicaban ritos y supersticiones locales; así es que no sólo en lo que se conoce con el nombre de antiguo Reino de Quito, sino en toda la dilatada extensión del imperio, había realmente dos religiones distintas o dos maneras de culto diversas: el culto oficial, que toda la nación practicaba, según las enseñanzas y prescripciones de la corte; y el culto local particular, que cada parcialidad, cada tribu y aun podríamos decir cada familia continuaba dando, a su modo, a los dioses de sus mayores. Conviene distinguir muy bien estas dos especies de culto, para formarse idea exacta de la situación religiosa de las naciones indígenas bajo el cetro de los monarcas del Cuzco; por esto, subsistieron en el Ecuador prácticas religiosas muy distintas de las que acostumbraban los incas.

Entre las naciones de nuestro litoral podemos asegurar con toda verdad que se conservó sin alteración el culto particular de cada tribu, pues la influencia de los incas sobre esos pueblos fue muy débil y no alcanzó a modificar profundamente sus costumbres.

La fundación de las casas de escogidas o monasterios de las vírgenes del Sol, que hacían profesión de castidad y vivían encerradas en perpetua clausura, fue obra exclusiva de los incas en el Ecuador, pues no la conocían siquiera los caras y las otras naciones indígenas de estas provincias. Hubo en el Ecuador monasterios de vírgenes del Sol en Caranqui, en Latacunga, probablemente en Liribamba y, acaso, también en Tomebamba. El de Quito, fundado por Huayna Capac, se conservó hasta la entrada de los españoles en esta ciudad, y es el único cuya fundación y existencia puede asegurar con toda certidumbre la Historia.

Como la dominación de los incas fue introducida por la fuerza de las armas en estas provincias, tanto Huayna Capac como su padre Tupac Yupanqui emplearon medidas extremas para conservar su poder y hacer acatar su autoridad por las tribus vencidas. Huayna Capac condenó al exterminio a los belicosos Caranquis e hizo degollar millares de ellos en el lago próximo a su fortaleza. Con los pueblos de Cochasquí, Puembo y Cayambi sostuvo guerras largas y tenaces, porque se resistían a abandonar su propio país, para ir a formar poblaciones en otra provincia, cediendo la suya a los mitimaes traídos de fuera.

Tupac Yupanqui sacó algunos miles de familias de los cañaris y las trasportó al Cuzco: sostuvo una lucha muy reñida con las tribus de los puruhaes, venció a Toca, cacique de Dunji, y se lo llevó preso en rehenes a su corte, donde lo tuvo hasta que aquel murió.

Deseando más tarde Huayna Capac mantener sujetos a los mal domados puruhaes, sacó tantas familias de la provincia del Chimborazo y las desterró a las mesetas de Bolivia, que muchos pueblos quedaron completamente desiertos, y fue necesario hacer venir colonias de aymaraes, para poblarlos de nuevo. Asimismo, con mitimaes traídos del Cuzco formó el Inca un pueblo aparte, el de Quero, quedando de este modo los restos de la antigua nación de los puruhaes mejor vigilados y más sujetos y tranquilos. Tan severo se manifestó Huayna Capac y tan considerable fue el número de indios desterrados, que la provincia llamada hoy de Latacunga cambió entonces de nombre.

Se cuenta que a los extranjeros que mandó venir de otras partes para poblarla, al establecerlos en su nuevo país, les dijo el Inca: de hoy más éste será vuestro territorio; he aquí vuestro hogar. Llactata cunani!! Palabras de las que se apoderó la tradición de los mitimaes, formando de ellas el nombre con que principiaron a designar la nueva provincia, donde establecieron su residencia.

A los inquietos yaruquíes se los dividió, llevando algunos a formar una población nueva en medio de las tribus puruhaes, a fin de que los unos espiasen a los otros, y así la provincia se mantuviese quieta. Tribus hubo que, como la del cacique Píntac, prefirieron expatriarse antes voluntariamente que someterse a Huayna Capac. Píntac era de la raza esforzada de los caras, y de las llanuras de Cayambi se trasladó con su pueblo a las breñas del Antisana, y quiso allí morir más bien de hambre, que rendirse al Inca. Desde la falda del Antisana hacía sus acometidas a Quito y daba sorpresas a las tropas de Huayna Capac, causando en ellas algún destrozo, hasta que hecho prisionero y traído a esta ciudad se mató, sin querer tomar alimento, prefiriendo la muerte a la sumisión al Inca.

Con los mitimaes se introdujeron en el Reino de Quito varios idiomas, porque cada grupo de extranjeros hablaba, el suyo, y como todos estaban obligados a aprender el quichua, que era la lengua oficial del imperio, resultó que se generalizasen en algunas provincias muchas lenguas diversas. Así sucedió en la de los puruhaes, donde se hablaban tres idiomas a un mismo tiempo: el quichua del Cuzco, el aymará del Collao y la lengua nativa de los puruhaes, que era diferente de las dos anteriores. Los aymaraes y los cuzqueños trajeron también sus quipos; así es que, muchos años después de la conquista, los indios de las provincias del Chimborazo, de Tungurahua y de Latacunga se servían de ellos, como en tiempo de los incas. Para esto empleaban de preferencia el hilo de la cabuya, que tanto abunda en esas provincias y que tan hábilmente lo saben extraer y beneficiar sus naturales. Esta industria era conocida por todos los pueblos de la nación Puruhá antes de la conquista.

La ganadería adquirió en la misma provincia de los puruhaes un muy notable incremento, o acaso se estableció entonces, con la introducción de las llamas o carneros de la tierra que trajeron consigo los mitimaes del Collao. Antes de la dominación de los incas no se conocían en el territorio habitado por las antiguas naciones indígenas ecuatorianas, más que dos clases de animales domésticos, los cuyes o conejillos de indias y los perros, de los cuales se hace mención hasta en las tradiciones religiosas de los antiguos quitos. Cuando los incas trajeron colonos aymaraes para repoblar la provincia del Chimborazo, entonces fueron introducidas en estos pueblos las llamas peruanas y se aclimataron en los páramos y pajonales de la Cordillera Occidental, en la misma provincia del Chimborazo.

También aquí como en el Perú los indios empleaban a las llamas como acémilas a bestias de carga, comían de su carne y utilizaban la lana hilándola y tejiéndola en mantas para vestirse. Los indios comían ordinariamente poca carne, prefiriendo alimentarse de vegetales. Los de la costa tenían pescado, que sabían coger con redes y anzuelos en el mar, y por medio del narcótico de ciertas hiervas, envenenando las aguas de los ríos. Así en el litoral como en los valles calientes interandinos, comían también la carne del armadillo, del cual en el Ecuador hay más de dos especies. No obstante, parece que ni los incas ni los caras ni ninguna otra tribu de indios antiguos se aprovechó par a su comida de los huevos de las aves, ni pensaron jamás que podrían alimentarse con la leche de los rumiantes, que habían domesticado y reducido a servidumbre. Contribuyó también la dominación de los incas en el Ecuador a mejorar la agricultura; se labraron campos que estaban abandonados, porque Huayna Capac y su padre los aplicaron a los templos del Sol y a las necesidades de la corona; se cultivaron mejor otros y se hicieron productivos algunos, que, por falta de riego, eran estériles, pues se construyeron canales y abrieron acequias, por medio de las cuales, desde distancias enormes se conducía el agua para regar los campos. Hasta hoy se admiran en la provincia del Azuay los restos de algunos acueductos trabajados por los antiguos indios: ahora son tierras improductivas, por falta de agua, algunas que, sin duda, eran muy fecundas, cuando las regaban las aguas que los cañaris hacían descender por canales del monte al valle.

El trabajo aislado de cada tribu se multiplicó por medio de la asociación y las parcialidades enemigas, depuestas las armas, se abrazaron en las faenas del trabajo común. Los treinta años que duró el reinado de Huayna Capac se gastaron muy útil y gloriosamente en la formación del camino de los incas o de la vía real de las cordilleras, que unía a Quito con el Cuzco, las dos capitales del imperio, separadas por más de quinientas leguas. Los antiguos cronistas de América, que alcanzaron a ver esta obra con sus propios ojos, no se cansan de engrandecerla y ponderarla, con palabras de mucho encarecimiento; y Humboldt, que observó algunos vestigios de ella, no vaciló en compararla con las antiguas vías romanas, trabajadas por los dominadores del mundo entonces conocido.

Los caminos de los incas fueron dos, el uno llamado de los llanos y el otro, la vía real de las cordilleras. El primero iba a lo largo de la costa y recorría de sur a norte una considerable extensión de terreno, dilatándose por algunos centenares de leguas. El segundo seguía la dirección de la gran Cordillera oriental de los Andes y servía para poner en comunicación las provincias de la sierra. Ésta es la obra más famosa llevada a cabo por los incas: no fue empresa de un solo soberano, sino trabajo continuado sucesivamente por varios de ellos y coronado, al fin, por Huayna Capac.

El camino de los llanos no existió en el territorio del Ecuador ni se trató de trabajarlo, sin duda, por temor del clima mortífero de nuestras costas, por la mala condición de los terrenos, que en invierno se convierten en pantanos profundos y también, porque en las tribus del litoral ecuatoriano, como ya lo hemos dicho en otra parte, los incas no lograron establecer su sistema de gobierno de una manera vigorosa y definitiva. Pizarro, acompañado de su hueste de conquistadores, recorrió despacio toda la costa del Ecuador, desde la bahía de San Mateo donde desembarcó hasta la isla de la Puná; y en ninguna parte encontró señales del camino de los llanos. Los cronistas castellanos alguna noticia nos hubieran dado acerca de semejante camino, si los conquistadores lo hubiesen encontrado en el Ecuador.

No así el camino de la sierra o la vía real de las cordilleras. Ésta principiaba en el Ecuador desde el territorio de Tulcán cerca del pueblo de Huaca, y, atravesando toda la extensión de la República, entraba en el Perú, llegaba al Cuzco, pasaba adelante y se dilataba hasta los últimos términos meridionales del imperio. La obra fue acometida en el Ecuador por Tupac Yupanqui y continuada por su hijo y sucesor, el famoso Huayna Capac: años debieron haberse empleado en obra tan difícil y prolongada; seguramente, toda la vida de Huayna Capac, y, cuando éste falleció, la obra, acaso, no estaría terminada todavía.

Respecto de la anchura del camino varían los historiadores, pero todos ponderan lo admirable de la obra y lo laborioso de su ejecución: puntos había, donde primero se había formado el suelo y dado consistencia al terreno para labrar después el camino: se habían llenado abismos, tajado rocas durísimas y secado tremedales; en unas partes el suelo estaba apelmazado a golpes de maza y endurecido con artificio; en otras, como en los terrenos cenagosos del páramo del Azuay, se lo había embaldosado con grandes sillares, ajustados por medio, de una mezcla de cal y arena, cuyo secreto pereció con los incas. Obra verdaderamente notable y digna de admiración. ¿Podrá la Historia calificar de bárbaros a los monarcas que la concibieron y que la llevaron a cabo?

Se mejoró mucho el sistema de puentes sobre los ríos caudalosos; se pusieron tambos u hospederías en la vía real y se establecieron las postas para llevar y traer con celeridad al Inca las noticias de todo lo que pasaba en su imperio.

III

Dos clases de edificios levantaron los incas en estas provincias: unos comunes y ordinarios, otros grandiosos y notables. Los primeros estaban destinados para utilidad común y eran posadas u hospederías en el camino real; los otros eran palacios para los soberanos.

Los tambos debían ser muchos indudablemente en todo el territorio del Ecuador, desde Huaca al norte en la provincia del Carchi, donde principiaba el gran camino real, hasta más allá de Loja al sur; pero en nuestros días no se conservan más que los vestigios de cinco de ellos. Uno en Mocha entre las dos provincias del Tungurahua al norte y del Chimborazo al sur: debió estar en el mismo punto en que hoy está el pueblo, y, las piedras labradas, que se conservan en las paredes y gradas de las casas de la población, manifiestan que fue de los mejores, y, acaso, hubo también allí algún palacio para los incas. En Achupallas a la falda setentrional del cerro del Azuay, se conservan señales y vestigios de otro, construido también con piedras labradas.

Sobre la Cordillera del Azuay, en lo más desierto de aquellos páramos, están todavía visibles los cimientos de otro, grande, de piedra tosca, sin labrar. La construcción de este edificio se atribuye al padre de Huayna Capac.

En las cercanías del pueblo de Deleg, entre el pueblo de Nabón y el de Oña y encima de éste hacia el sur ha habido otros tres tambos, cuyos vestigios existen todavía en la provincias de Cuenca.

Antes de la ciudad de Loja, una jornada, en el punto que llaman Las Juntas, por la confluencia de dos ríos, se ven todavía en pie los restos de las paredes de piedra de otro tambo de los incas. Todos tienen un plano muy sencillo y sus paredes están formadas de piedras sin labrar, unidas con un barro consistente, que hace las veces de mezcla. El tambo del Azuay, el de Achupallas y el que existía en Pomallacta se atribuyen al inca Tupac Yupanqui: los otros son indudablemente del tiempo de Huayna Capac.

Los palacios que construyeron los incas en el Reino de Quito no debieron ser muchos y, acaso no pasaron de cinco o cuando más de seis: uno levantado por Atahuallpa, donde ahora está la ciudad de Cuenca, y los otros edificados por su padre el inca Huayna Capac. De éstos, el de Cañar se conserva todavía en pie y puede juzgarse lo que sería, por lo que aún existe sin destruirse; los otros han perecido casi por completo. En el de

Caranqui nació Atahuallpa; y en el de Cañar recibió el inca Huayna Capac la primera noticia de la aparición de los españoles en las aguas del Pacífico.

Estos palacios eran inmensos y abarcaban en su circuito una extensión considerable de terreno, con la casa principal destinada para el soberano y los edificios del contorno, donde se alojaba la regia servidumbre. El plano era distinto, a juzgar por el de los dos palacios que todavía se conservan; y las paredes son muy anchas y construidas de piedra labrada.

En el de Cañar hay piedras enormes, principalmente en el cuerpo de la elipse, y están unidas con tal arte y con tanto primor, que en la juntura de sus caras no es posible introducir ni la hoja de un cuchillo delgado. En la labor de las piedras predomina siempre una misma forma, pues todos los lados son toscos y conservan su figura natural y solamente uno está labrado en forma convexa. Sea cualquiera el tamaño de las piedras, la labor es la misma, lo cual da a los edificios de los incas un aspecto exterior que no carece de hermosura. La techumbre era siempre de paja con bastante inclinación para dar caída a la corriente de las aguas: los aposentos no tenían comunicación interior unos con otros, y las puertas eran muy altas, anchas en la base y angostas en la parte superior: de umbrales servían unas losas grandes de piedra; no había ventanas para dar luz a los aposentos, pero en las paredes de éstos estaban dispuestas unas como alacenas pequeñas de la misma figura que las puertas. En el palacio de Cañar había algunos departamentos, cuyas paredes se hallaban cubiertas de una pasta de barro muy delgada, pintada de roja bastante claro.

El palacio de Pachuzala en la llanura de Callo era de menores dimensiones que el de Cañar, pero idéntico por su estilo y manera de construcción. Tanto en el de Callo como en el de Cañar, llaman la atención ciertas piedras con unas prolongaciones cilíndricas gruesas, labradas a manera de clavos en las mismas paredes donde están dispuestas simétricamente.

Estos edificios son, pues, sólidos y grandiosos, pero carecen absolutamente de belleza en el conjunto. Los incas no conocieron ni los arcos ni las bóvedas ni las columnas en su arquitectura, y lo suntuoso de sus edificios debió estar, sin duda, en la riqueza de las piezas de plata y de oro que adornaban los muros en lo interior de las habitaciones.

Huayna Capac y su padre, para honrar la ciudad de Quito y la provincia de los cañaris, hicieron traer desde el Cuzco las piedras con que levantaron sus palacios, medida que llenó de orgullo a los indios, quienes se tuvieron por muy felices, viendo que los incas mandaban llevar de la ciudad sagrada del Sol piedras para los edificios que construían en sus provincias.

Por desgracia, nada sabemos respecto del número cierto de ciudades que había en el Ecuador en tiempo de los incas, ni podemos formarnos una idea clara acerca de la manera cómo estaban dispuestas y arregladas. En la provincia de Atacames parece que había uno u otro pueblo, cuyas calles eran rectas y tiradas a cordel: de la famosa ciudad de Tomebamba en la provincia de los cañaris, sólo conocemos la particularidad de que estaba asentada a la margen de tres ríos, y por las ruinas que aun quedan a las orillas del Rircay, del Minas y del caudaloso Jubones, se puede conjeturar que era muy extensa y populosa.

Tupac Yupanqui y Huayna Capac construyeron en ella templos y palacios; pero, a decir verdad, el carácter de las ruinas es tan singular que no pueden confundirse con las de las construcciones de los incas.

La ciudad de Quito, fundada en un plano desigual, con anchas quebradas, debió presentar un aspecto muy variado; con sus grupos o hileras de chozas pajizas y los extensos palacios de Huayna Capac construidos de piedra labrada con muros macizos y cenicientos.

Los incas aplicaron, sin duda, a las naciones conquistadas en el Ecuador el sistema de gobierno así económico y político como administrativo y religioso, que tenían establecido en todo el imperio. El Reino de Quito fue la última conquista de los incas, y los dos postreros soberanos de la dinastía del Cuzco fueron quienes la llevaron a cabo. Así, pues, durante medio siglo debió regir en todas estas provincias el mismo calendario religioso que se guardaba en el Cuzco, distribuyendo los doce meses del año en las fiestas al Sol, que precedían, acompañaban o seguían a las faenas de la agricultura, principalmente al cultivo del maíz. El sistema militar para la organización del ejército, la celebración de los matrimonios en un día dado, el desapropio de los bienes de todos los individuos y familias para darles casa, heredad y trabajo, todo medido, tasado y reglamentado, la alternabilidad sucesiva en el servicio del soberano y la vigilancia de unos sobre otros por medio de la distribución de todos los súbditos del imperio en decenas, centenas, millares y decenas y centenas de millar, he ahí el régimen que la política vigorosa del último de los incas debió plantear en el Ecuador; pero es imposible descubrir ahora hasta qué punto de perfección y de rigor se logró hacer observar semejante régimen por las naciones conquistadas. La dominación de los incas dejó, sin duda, impresas huellas profundas en el carácter y en las costumbres de las naciones indígenas ecuatorianas; pero, a nuestro juicio, no las modificó completamente ni las amoldó a esa condición enervante de puros autómatas; en que venía a perderse la personalidad humana.

La resistencia a los conquistadores españoles prueba clara es de que aún conservaban brío en su ánimo y amor a la independencia.

La existencia y conservación de algunas fortalezas indica también que había necesidad de emplear constantemente la fuerza, para mantener en la obediencia a los pueblos conquistados. Entre estas fortalezas merece especial mención en la Historia la de Rumi-Chaca, al norte, levantada en el territorio de los antiguos quillasingas, pues, para hacerla más cómoda y guarnecerla mejor, mandó Huayna Capac taladrar las rocas y desviar la corriente del Angasmayo, echándolo todo por bajo de aquel puente natural de piedra, obra verdaderamente digna de admiración.

Finalmente, otra industria emplearon los incas para no permitir la confusión entre las diversas naciones sometidas a su imperio, y fue el obligar apretadamente a que cada una conservara el color del vestido y la forma de tocado que le era peculiar. De este modo, al ver un indio, se conocía al punto la nación a que pertenecía los puruhaes llevaban la cabeza ceñida con la honda de cabuya, porque eran diestrísimos honderos; y los cañaris usaban a manera de corona un aro de calabaza, con que recogían la cabellera. Por esto en el Cuzco, según refiere Garcilaso, a los cañaris les solían llamar por apodo mati-uma, que equivale a cabeza de calabaza.

IV

La dominación de los incas sobre las naciones indígenas ecuatorianas no fue, pues, de muy larga duración ni logró producir sobre ellas todos los efectos que en otras partes, por lo cual los indios nativos de estas provincias conservaron casi sin alteración ninguna su propio carácter. Robustos, más bien altos de cuerpo que no pequeños ni medianos, enjutos de carnes, pero gruesos de miembros, de color oscuro bronceado, de facciones toscas, frente estrecha, nariz ancha, cabellos negros, lacios y abundantes; taciturnos y disimulados, amigos del descanso, rencorosos y crueles en sus venganzas; asiduos en el trabajo cuando había quien los vigilara y oprimiera; resueltos, tenaces y hasta heroicos en su propia defensa, una vez enardecida su natural apatía, tales eran, los indios ecuatorianos, sobre quienes ejercieron su dominación los incas.

Los caras, valientes, atrevidos que preferían el exterminio a la sujeción a un príncipe extranjero, que intentara arrancarlos de sus hogares: los puruhaes, cavilosos y sanguinarios; los cañaris, astutos y traicioneros, volubles y vengativos; los chonos y huancavilcas, débiles de cuerpo y enfermizos, pero enemigos de toda sujeción; la raza de los de la Puná y Manabí fortificada contra toda dominación extranjera, ya por las condiciones mismas del terreno y del clima, ya por su energía y refinada disimulación; en fin, los paltas y quillasingas, acostumbrados al aislamiento y a la independencia, sometidos a la dominación y gobierno de los hijos del Sol, obedecieron a las armas victoriosas de Tupac Yupanqui y de Huayna Capac, se sujetaron a la organización política que les fue impuesta por el conquistador; domados por una disciplina militar bien organizada, se conformaron con el nuevo género de vida a que el vencedor trabajaba por amoldarlos, pero, a pesar de todo, conservaron en el fondo el carácter moral y la manera de ser a que estaban acostumbrados.

El sistema administrativo de los incas dividía la sociedad en clases superiores e inferiores; las superiores traían su origen de la raza y del poder:

las inferiores estaban condenadas a vivir perpetuamente en la condición humilde que habían heredado de sus mayores o a que las había condenado la fortuna. El yanacona, el siervo, tenía en la sociedad el último lugar, y su destino era ocuparse siempre en lo más vil y penoso; el pueblo o la gente común y vulgar, de la que salían los soldados y los artesanos; los hijos y familia de los caciques de cada lugar; los hijos y los descendientes de los curacas o régulos de cada provincia: la estirpe real en la que se distinguían los hijos bastardos de los monarcas y los hijos legítimos de éstos, que formaban un especie de casta sagrada aparte, tales eran las jerarquías sociales en que estaba dividida la nación en los postreros tiempos del imperio, y cuando éste por las conquistas de los incas había llegado al apogeo de su grandeza.

Sin perder de vista estas circunstancias, será fácil formarnos una idea bastantemente exacta del estado de civilización y de adelanto moral en que se encontraban las antiguas naciones indígenas del Ecuador, en los últimos años del reinado de Huayna Capac. ¿Cuál habría sido la suerte de estos pueblos, entregados a sus propios esfuerzos? Si la conquista española no los hubiera sorprendido tan de improviso, ¿a dónde habrían llegado, siguiendo abandonados únicamente a sus ideas propias? No es fácil conocerlo. En su manera de vida y en las condiciones de su organización social había muy pocos y débiles elementos de prosperidad y de verdadero engrandecimiento.

La influencia del gobierno de los incas fue, no obstante, provechosa para estos pueblos y contribuyó eficazmente a darles unidad social, conservó avasalladas varias tribus, que antes vivían en guerra constante, y las acostumbró al trabajo, haciéndoles gustar las dulzuras de la paz, en una vida quieta y sosegada. La enseñanza de la lengua quichua y la uniformidad de régimen administrativo fundió poco a poco a las tribus en un solo cuerpo social. Reconocía éste en la persona del soberano la fuente de todo derecho y de toda moralidad, y le obedecía ciegamente.

Todo estaba reglamentado en el imperio de los incas, desde los grandiosos trabajos emprendidos para el servicio del monarca, hasta la hora de comer y de descansar en el retiro del hogar doméstico. El indio vivía para el imperio, y aun en el fondo de su cabaña era vigilado por la autoridad, que no lo perdía de vista ni un solo momento. El soberano era el dueño de todas las minas, de todas las tierras de labor, de todos los ganados y hasta de toda la caza que podía perseguirse en los montes.

De manos del soberano recibía el indio el terreno que había de cultivar, el algodón y la lana, de que había de tejer su vestido, y, lo que es más, hasta la misma esposa, con quien había de vivir en matrimonio, la cual le era dada por la autoridad en un día determinado. Cuando el indio llegaba a cierta edad, se le obligaba a tomar esposa, y, para esto, los matrimonios se contraían en un mismo día, todos los años, en la basta extensión del imperio. La actividad personal de los individuos estaba, pues, bajo el régimen administrativo de los incas, enteramente sometida a la voluntad del soberano. Fácil es comprender, que semejante sistema de gobierno debía modificar profundamente el carácter moral de los pueblos: el indio llegaba a perder ese amor innato, esa adhesión fuerte, que la naturaleza ha puesto en el corazón del hombre a la tierra donde nació, y se consideraba siempre dependiente de una voluntad superior, absoluta y poderosa; de este modo, mirándose, en cierta manera, como extraño en la tierra donde vivía, acababa por ser indiferente a la suerte de ella. Por esto, vio llegar al conquistador europeo y le allanó el camino, para que se apoderara de la tierra de sus mayores. Si aquí en Quito no sucedió cosa semejante, eso debe atribuirse a que nunca lograron los incas establecer completamente su sistema de gobierno sobre varias de las tribus de los antiguos caras.

Éstas, principalmente en el norte y en el este, opusieron una resistencia tenaz a la dominación de Huayna Capac, y hasta la muerte del Inca estuvieron todavía con las armas en la mano, prontas siempre a sacudir el yugo de los hijos del Sol.

Nos falta un rasgo muy notable, para acabar de dar a conocer el carácter moral de las tribus indígenas del Ecuador. Los incas habían establecido un sistema discreto en la distribución del trabajo, que pesaba sobre sus súbditos: convertían las faenas de la labranza del campo en fiestas y regocijos. Los indios acudían vestidos de gala con los mejores vestidos que tenían; el tambor no cesaba de resonar ni un instante, y su ruido ronco, monótono y acompasado, a una con el chillido penetrante y gemebundo de la flauta, comunicaba animación a los trabajadores. El canto alternado, repitiendo en coro exclamaciones de aliento, estribillos y donaires, les estimulaba a no desmayar en la fatiga; y la chicha, que se repartía con prodigalidad suma, alegraba los ánimos y hacía terminar en ruidosa algazara y borrachera común toda reunión para el trabajo de los campos. ¡Triste condición la del indio! Pero ello es cierto: el estímulo para el trabajo ha de ser siempre su vehemente propensión a la bebida. Esa propensión a la embriaguez, parece connatural a la raza y constituye uno de los rasgos más pronunciados de su fisonomía moral. Rasgo, propensión que hace casi desesperar del progreso y adelantamiento de esta tan degradada clase social, para quien parece no tener halago ninguno la civilización.

CAPÍTULO VI

I

Aunque en los capítulos anteriores hemos dado a conocer ya el sistema de gobierno de los incas, con todo, en el presente expondremos con alguna extensión las condiciones de semejante manera de gobierno y el punto de civilización a que habían llegado las tribus indígenas bajo el cetro de los monarcas del Cuzco.

Apenas podrá haber una manera de gobierno más especial que el de los incas: habían resuelto éstos el difícil problema de la conservación del bienestar común, con el repartimiento igual de los bienes de fortuna entre los asociados. Los pueblos que componían el imperio de los incas eran exclusivamente agricultores y entre ellos no había comerciantes ni industriales; pues, aunque se trabajaban muchas minas en varios puntos del imperio, la extracción de los metales no tenía por objeto ni la utilidad privada ni la utilidad común, sino el lujo de los soberanos y el esplendor en el culto religioso. Los incas no conocían ninguna clase de moneda, y bajo su administración allí donde lograban establecer completamente su sistema de gobierno, cesaba al punto toda transacción mercantil, y los pueblos, por grandes que fueran, pasaban a la condición de pupilos del soberano.

El terreno se dividía en tres partes desiguales: una se consagraba al Sol, de otra se apropiaba el Inca, y la tercera se destinaba para el pueblo.

A cada padre de familia se le señalaba una determinada extensión de terreno, para que la tuviera a su cuidado y la cultivara con sus propias manos. Según el número de hijos que componían la familia, se aumentaba o disminuía cada año la porción de terreno, pues por cada hijo varón se le adjudicaba una medida igual a la del padre, y por cada hija se le daba una mitad más. El soberano les repartía la semilla necesaria para la siembra de cada año, y vigilaba sobre todo los trabajos del cultivo. Nadie podía estar ocioso; ni el niño que principiaba a disfrutar de la vida, ni el anciano agobiado bajo el peso de los años: el ciego, condenado al parecer por la misma naturaleza a la mendicidad, y el enfermo, cuyos miembros estaban estropeados por la desgracia, todos debían trabajar, unos ojeando los pájaros en las sementeras, otros limpiándolas de hierbas inútiles; éstos amasando el barro en la alfarería, aquellos recogiendo los parásitos de sus propios cuerpos, para entregar cantidades determinadas de ellos en cañutos de plumas, según la tasa y medida, que a cada cual se le había impuesto.

Los indios, tan inclinados por su naturaleza a la holganza y a la inacción, se veían, por una dichosa necesidad social, en el caso de someterse bajo la vigilancia del gobierno a la moralizadora ley del trabajo.

En el sistema administrativo de los incas estaba suprimida completamente la propiedad individual: todas las tierras eran del soberano, quien, todos los años; verificaba un nuevo reparto de ellas, teniendo en cuenta la compensación entre los muertos y los recién nacidos en cada pueblo y familia. No había un solo individuo que no recibiera su determinada extensión de terreno: si era sano y robusto, había de cultivarla por sí mismo; solamente los enfermos, las viudas y los que se hallaban ocupados en la guerra, en la extracción de metales o en la construcción de tambos, palacios o templos tenían derecho a que los demás de la tribu les cultivaran sus campos.

En la labranza de los campos se guardaba inviolablemente una costumbre, digna de consideración, pues se daba la preferencia a los de los particulares, luego a los del Inca y, por fin, a los del Sol, y no se principiaba a cultivar los de éste sino cuando los del pueblo estaban ya trabajados.

Para remediar la escasez en los años en que se perdieran o fuesen malas las cosechas, mandaba recoger el Inca en graneros públicos todo el exceso de las cosechas de cada año, medida con la cual no estaba nunca expuesto el pueblo a los horrores del hambre. Tanto más recomendable parecerá esta disposición, cuanto mejor se conozca el carácter apático, imprevisivo y derrochador de los indios. ¿Quién no los ha visto gastar en un día de diversión la cosecha de todo un año, reducida completamente a su predilecto licor fermentado, la chicha, de la cual, por más que beban, nunca están hartos?... Durante el gobierno de los incas, dicen a una voz los cronistas castellanos, no hay memoria de que provincia ninguna haya sido desolada por el hambre: si en una comarca cualquiera se perdían las cosechas, ahí estaban las trojes del Inca siempre llenas de granos de reserva para acudir inmediatamente a las necesidades de los pueblos.

Pertenecían también al Inca las aguas de todo el imperio y, por esto, el Inca era quien las distribuía a las provincias y territorios, dándole a cada uno el derecho de propiedad sobre ciertos y determinados ríos, mandando romper acequias y construir canales y reglamentando prolijamente el tiempo y la hora que había de correr el agua por cada localidad, cuando ésta era muy árida y el riego podía ser motivo de riña entre varios pueblos.

El Inca era quien mandaba amojonar los campos, deslindando el territorio de cada pueblo, y a nadie le era lícito dislocar las señales que el soberano había puesto como término en los campos; en las heredades y en las provincias. Propiedad del Inca eran los rebaños de llamas, alpacas y vicuñas que pastaban en los páramos de la cordillera de los Andes: por esto, en el Cuzco se llevaba cuenta menuda y prolija del número de cabezas de que constaba cada rebaño, y se sabía dónde debía ser pastoreado, y quiénes estaban encargados de su custodia. Cada año, en épocas señaladas se hacía el esquileo; los vellones de lana se contaban y almacenaban en los depósitos comunes, y de allí se distribuía a cada individuo la cantidad que le era necesaria para su vestido. En nada había ni el más insignificante desperdicio, porque, como los indios no podían cambiar ni la forma ni el color ni la condición de sus vestidos, era muy fácil tasar la cantidad de lana que cada uno había menester. A cada provincia le estaba señalado el color del vestido y la manera de tocado que había de usarse en ella. Las prendas del vestido eran casi las mismas en todas partes. Una túnica estrecha, a raíz de las carnes, sin mangas: paños de honestidad y una manta larga, en la que se envolvían el cuerpo, eran las prendas indispensables para el vestido de los varones. Las mujeres llevaban ceñida a la cintura con una faja sobre la túnica interior, una manta que les daba vuelta al cuerpo y cubría hasta más abajo de las rodillas: a las espaldas traían otra manta más angosta, cuyos extremos cruzaban sobre el pecho, ajustándolos por medio de un prendedor, el cual era de oro, de plata o de cobre a proporción de las riquezas y jerarquía social de la persona. Las mujeres del pueblo se engalanaban con una espina gruesa de la penca de cabuya, que hacía para ellas las veces del prendedor o tupo de oro, que ostentaban las pallas o princesas de la corte.

La taleguilla para la coca, que colgaban al lado izquierdo, y las sandalias con que calzaban sus pies, tales eran las prendas que completaban ordinariamente el vestido de los indios sujetos al imperio de los incas.

Si eran propiedad del soberano todos los ganados, si el soberano era quien mandaba hacer el esquileo y quien distribuía la lana, también el soberano era el único dueño de todo el algodón que se recogía en todo el imperio: por su orden se plantaban los algodonales, por su orden se recolectaba la cosecha, y él mismo era quien repartía los copos que habían de hilarse y tejerse para vestido de sus súbditos.

El oficio de hilar la lana y el algodón era propio y exclusivo de las mujeres, y el de tejer los lienzos y urdir las mantas estaba reservado ordinariamente a los varones; aunque todo indio debía ser diestro en hacer aquellas cosas que eran indispensables, como edificar una casa, labrar la tierra, regar el campo y fabricar armas y calzado.

La forma de las casas y el tamaño de ellas eran idénticos casi en todas partes e invariables, limitándose, generalmente en todo a lo preciso para satisfacer la necesidad de vivir bajo techado y nada más, porque en todo se contentaban con la sobriedad: vestidos, los indispensables; habitación, reducida: la holgura no la buscaba ni la echaba de menos la gente del pueblo.

El Inca exigía apretadamente de sus súbditos el tributo del trabajo personal, y este trabajo era la única contribución impuesta en el imperio regido por los monarcas del Cuzco. Todo individuo estaba obligado a emplear una parte del tiempo trabajando para el soberano: cada uno se ocupaba en hacer obras de su arte y oficio determinado. El alfarero, objetos de barro; el platero, la vajilla de oro y de plata, los ídolos, los vasos y demás utensilios destinados tanto para el servicio del Inca como para el adorno de los palacios y el ministerio del culto religioso en los templos: los tejedores trabajaban la ropa que había de guardarse en los depósitos comunes, y así todos los demás artífices de armas, de escudos, de yelmos y de calzado. Pero mientras un indio se ocupaba en trabajar para el servicio del Estado, era alimentado de la hacienda del soberano, y no de la suya propia. Asimismo se exigía el trabajo personal para la construcción de los templos del Sol, de los palacios del Inca, de los tambos y depósitos comunes, y para la apertura de caminos y formación de acequias y canales. En este trabajo, lo mismo que en el laboreo de las minas y extracción de los metales, se alternaban por compañías más o menos numerosas los indios de todas las provincias, según el tiempo que debía durar la ocupación de cada parcialidad.

El indio no podía viajar por su propia voluntad, ni cambiar de habitación libremente: estaba siempre a disposición del soberano, y, cuando las necesidades o conveniencias de la política lo exigían, se lo arrancaba de su hogar y se lo trasladaba perpetuamente a otra provincia remota, obligándole hasta a olvidar su lengua materna, porque le era prohibido hablar en ella y debía aprender la lengua del Inca.

II

Semejantes condiciones de vida hacían dispensable una organización política especial en la sociedad, y así lo era, en efecto, la del imperio de los incas. El nombre de Perú era desconocido para ellos, pues el término propio con que designaban todo el territorio sometido a su imperio era el de Tahuantinsuyo, como quien dice la redondez de la tierra. Ésta la tenían dividida en cuatro departamentos, correspondientes a cada uno de los cuatro puntos principales del horizonte: región del Oriente Antisuyo, región del Occidente Contisuyo, región del Mediodía Collasuyo, región del Norte, en la cual estaba comprendido el antiguo Reino de Quito, Chinchasuyo. En cada una de estas cuatro regiones o departamentos tenían puestos sendos gobernadores, que venían a ser como cuatro virreyes, de quienes se componía el supremo consejo del Inca. Siempre que se conquistaba y agregaba al imperio una nueva provincia, acostumbraban, como medida política muy sagaz los incas, conservar en el mando de las tribus a sus propios jefes o curacas, que venían a ser en este caso los gobernadores naturales de sus respectivos pueblos, sujetos y subordinados inmediatamente al superintendente del departamento a que pertenecían.

Los pueblos estaban sometidos a la más constante vigilancia. Para esto, se los acostumbraba dividir en grupos de a diez, de a cincuenta, de a ciento, de a mil y de a diez mil, sobre cada uno de los cuales había un superior, encargado de cuidar y gobernar a su sección respectiva. Cada mes, el jefe inferior daba cuenta a su inmediato superior de todo cuanto había pasado en su grupo, y de este modo llegaba a conocimiento del Inca hasta la más insignificante circunstancia que podía llamar la atención en el punto más remoto de su dilatado imperio. La noticia era comunicada de un subalterno a otro, y así, por medio de los gobernadores de los cuatro grandes departamentos, pasaba a conocimiento del soberano. Los decuriones o jefes de diez individuos tenían obligación de visitar a sus dependientes cuando éstos estuvieran comiendo, para vigilar sobre el aseo y limpieza de sus habitaciones y personas. Tanta era y tan íntima la dependencia y sujeción en que los monarcas del Cuzco mantenían a sus súbditos.

Por esto, todas las casas debían estar abiertas a la hora de la comida, a fin de que el decurión pudiera entrar a visitarlas sin dificultad ninguna.

Los incas habían discurrido varios arbitrios humanitarios para procurar difundir entre sus súbditos cierto espíritu de unión fraternal, de compasión recíproca y de armonía social. Todos los moradores del mismo pueblo debían reunirse dos veces al mes, para comer juntos a cielo raso, en el campo, presididos por sus curacas: a estos banquetes públicos solían ser llevados los enfermos, los lisiados, los ciegos, para que nadie se tuviera en menos ni fuera despreciado. Ésos querían los incas que fuesen días de regocijo y de alegría común. El terreno de la viuda, la heredad de los huérfanos, el campo de los enfermos no quedaban nunca eriales ni sin cultivo: la tribu entera acudía a labrarlos antes que las tierras del Inca. Lo mismo se hacía con el terreno del indio que se hallaba ausente, ahora estuviese en campaña sirviendo como soldado, ahora hubiese ido a trabajar lejos en el laboreo de las minas.

Pero ¡cuán desapiadada no era la autoridad cuando, cediendo a las exigencias de la política, sacaba a las familias y las desterraba para siempre de un extremo a otro del imperio, como colonos forzados o mitimaes, pobladores de provincias nuevamente conquistadas!... La autoridad de los incas extendía despóticamente su mano inexorable y arrancaba de sus hogares a pueblos enteros, que no tenían más crimen que el amor de su independencia. Medida atrevida, si la hubo, y que no pudo ponerla en práctica jamás conquistador ninguno de los tiempos antiguos. Verdad es que los incas cuidaban de que el clima de la provincia a donde mandaban los mitimaes fuera semejante al de la localidad de donde los sacaban, verdad es también que procuraban endulzar la amargura del destierro perpetuo por medio de los privilegios y mercedes que concedían a los nuevos colonos; pero no por eso la medida dejaba de ser una de las más crueles que la política haya podido inspirar a los soberanos despóticos. En el sistema de gobierno de los incas el individuo era inmolado a las necesidades del imperio.

La política sagaz de los hijos del Sol había discurrido otro arbitrio más seguro para mantener sujetas a las provincias nuevamente conquistadas, y era el de conservar en rehenes en el Cuzco a los hijos de los curacas, con el pretexto especioso de honrarlos, enseñándoles la lengua y los usos de la corte, con lo cual cohonestaban su disimulado propósito de vasallaje y sujeción. Otras veces se llevaban cautivos a los mismos curacas, y, aunque en el Cuzco lo trataban bien, no les permitían volver a sus tierras. Así lo hicieron en el Ecuador con uno de los régulos de Puruhá y con varios de los cañaris, a los que tuvieron en decoroso confinio en el Cuzco, hasta que fallecieron.

Diremos algo acerca del sistema militar de los incas. Todo varón debía saber manejar las armas y ser soldado: principiaba la obligación del servicio militar cuando el joven había cumplido veinticinco años de edad, y no quedaba exento de ella sino después que completaba sesenta. Aunque todo varón debía ser soldado, no obstante, no se le ocupaba siempre, sino tan sólo por un tiempo determinado, y después se le permitía volver a descansar entre los suyos. Por lo regular, el tiempo de servicio no excedía de tres meses en la costa para los soldados de la sierra medida prudente y suave, con la cual manifestaban los incas que su poder, aunque absoluto, no dejaba de ser casi siempre humanitario.

Los ejércitos se componían de cuerpos formados de compañías de soldados que manejaban una misma arma; así había cuerpo de honderos de lanceros, etc. El jefe primero del ejército era en rigor el mismo Inca, pero siempre había un general que estaba a la cabeza de las tropas, y a quien se encomendaba el cuidado de todo lo relativo a la milicia: éste era siempre un inca principal y tenía bajo su dependencia otros jefes y capitanes, porque en la organización del ejército se había reproducido la organización de la nación, distribuyéndolo en decenas, veintenas, centenas y millares. Cada compañía llevaba su insignia, y el ejército la bandera o enseña del Inca, en la cual iba desplegado el arco iris con sus brillantes colores. El uniforme de las tropas consistía en el mismo vestido propio de la tribu a que pertenecían los soldados.

Las armas unas eran ofensivas y otras defensivas: las ofensivas se reducían a lanzas, macanas, porras de madera erizadas de pedernales cortantes, masas pesadas y rompecabezas, formados de un bastón de madera grueso, guarnecido de una argolla de piedra o de metal con puntas. Arma ofensiva era también la honda, con la cual lanzaban proyectiles a grandes distancias. Las defensivas consistían en escudos y rodelas, en capacetes y morriones de madera o de cuero y en petos de algodón acolchados.

Entre las armas ofensivas debemos contar también las enormes galgas que hacían rodar de las pendientes de los cerros, para que, descendiendo de bote en bote, causaran daño a los enemigos.

Aunque para las funciones religiosas y la celebración de las fiestas de sus ídolos tenían muchas tribus unas bocinas o trompetas, ya de madera ya de metal, con todo parece que los incas no emplearon nunca estos instrumentos en la milicia, y sus ejércitos se congregaban al son de ciertas trompas bélicas formadas de caracoles marinos, cuya concha estaba adherida a un tubo o caña hueca de madera. Tocaban también la flauta y el pito, pero su música era más bien un ruido desordenado que una combinación armónica de sonidos.

A estos instrumentos músicos empleados por los incas en la milicia, debemos añadir el tambor, usado sin excepción por todas las naciones indígenas americanas así salvajes como civilizadas.

Conviene hacer mención también aquí de los cascabeles de que gustaban tanto los indios, como adorno y joya para sus personas en los días en que se vestían de gala para celebrar sus fiestas o entrar en combate en las guerras y conquistas. De cascabeles llevaban cuajada la rica manta de algodón algunos régulos de los cañaris, y de cascabeles traían guarnecidas las manillas y ajorcas los guerreros de la Puná y varios de los jefes principales del ejército de los incas.

Para el sostenimiento de las tropas en tiempo de guerra tenían almacenada en las trojes públicas de cada provincia una gran cantidad de granos, de vestidos, de armas, de vitualla para el uso de los soldados. De este modo tan previsivo, evitaban los incas las molestias que el paso de los ejércitos suele causar a los pueblos amigos hasta en las naciones más cultas. Como los incas eran guerreros, como de la conquista habían hecho el fin principal de su dinastía y como todos ellos estuvieron constantemente con las armas en la mano, a nadie le debe sorprender que hayan excogitado tantos recursos para la más cómoda marcha de sus ejércitos. Su objeto era; ante todo, conservar en abundancia sus pueblos y ensanchar sin medida los límites de su imperio. En sus conquistas empleaban la seducción y las promesas como medios de vencer, y buscaban antes un avenimiento ventajoso que un triunfo sangriento. Por esto, la conquista solía principiar primero por invitaciones amistosas, con las cuales se proponían evitar la guerra y los desastres que son consecuencia de ella: trataban bien a los que se sometían de buen grado a la obediencia del Inca y condescendían con los vencidos en todo aquello que no perjudicaba a los intentos de su política absorbente. Así, no destruían los ídolos de las naciones vencidas, antes los adoraban y ofrecían sacrificios, pero exigiendo siempre que se rindiera al Sol ese culto oficial, solemne y público, que ellos le tributaban en el Cuzco, como a progenitor divino de su raza.

En el sistema religioso de los incas la creencia en la divinidad del Sol llevaba consigo necesariamente no sólo la obediencia y el respeto, si no la adoración a la persona del soberano como hijo del dios, fundador del imperio y tutelar de la raza afortunada de los incas. El indio debía creer que sus soberanos eran hombres de una naturaleza extraordinaria y muy superior a la humana: eran hombres divinos. ¿Quién tenía, por lo mismo, el derecho de resistir a los hijos del Sol? De aquí esas represalias feroces y exterminadoras que ejecutaban contra los pueblos que se les rebelaban: el pueblo rebelde que hacía armas contra el Inca después de haberle jurado obediencia, era pasado a cuchillo inexorablemente, como reo de un crimen de lesa religión. La historia de los incas recuerda más de un hecho feroz, como el exterminio sangriento de los belicosos caranquis.

Pocos crímenes podían cometerse en una nación sometida al régimen minucioso y severo de los incas. Y, en efecto, en el pueblo regido por los monarcas del Cuzco si había faltas y crímenes, no se deploraban esos vicios generales, que tan frecuentes son, por desgracia, hasta en los pueblos más civilizados. Debíase esto en gran parte a la pronta y casi instantánea, dirémoslo así, ejecución de la justicia. Cinco días era el término mayor que pedía durar un juicio en los tribunales peruanos, y al quinto día la sentencia debía estar ejecutada y el reo castigado, porque en tan sumario procedimiento judicial el fallo de los jueces era inapelable: parece que los incas estaban convencidos de que la dilación en los juicios era una especie de impunidad para los criminales.

Cada curaca era juez de su tribu, y los decuriones y demás jefes de los grupos sociales, en que estaba dividida la nación, hacían el oficio de fiscales y de jueces de los individuos puestos bajo su dependencia.

Los litigios entre las provincias los juzgaba el Inca en persona.

La legislación criminal de los incas no establecía más que tres clases de penas: la de infamia, la de golpes y la capital; represión, golpes, muerte. El criminal era condenado con demasiada frecuencia al último suplicio.

El desaseo, la ociosidad, la mentira se castigaban con golpes más o menos dolorosos, que el culpable sufría en las piernas y en los brazos. El incendiario, el homicida, el que trastornaba las linderas de los campos, el adúltero, el que blasfemaba contra el Sol o contra el Inca, el que violaba la castidad de las vírgenes del Sol eran condenados al último suplicio. Los envenenadores eran condenados a muerte juntamente con toda su familia. Criminales hubo también, a quienes condenaron algunos incas a prisión perpetua en fortalezas construidas con aquel objeto, y a destierro y confinio en los valles calientes de la costa. Ocasiones había además en las que a los reos condenados a muerte se los sometía a tormento, antes de quitarles la vida. En cuanto a la ejecución del castigo, había no poca variedad: unas veces se daban golpes con piedras en la espalda para magullar al culpable, y esto se hacía cuando se le imponía una pena grave. A los reos de muerte se los ahorcaba, se los enterraba vivos o se los despeñaba en abismos profundos. A la esposa culpable de adulterio se la mataba, colgándola de los pies, para que pereciera sofocada.

La recta administración de justicia estaba asegurada, entre otras medidas menos eficaces, con la de las visitas que se practicaban de tiempo en tiempo, unas veces por el Inca en persona, y otras por sus ministros enviados a las provincias especialmente con ese objeto. Como cada decurión estaba condenado a sufrir el mismo castigo que el criminal, cuando éste no era entregado a la justicia, la vigilancia y solicitud de los decuriones eran muy activas, y de ese modo la moral social estaba menos expuesta a relajación.

III

Varios órdenes o jerarquías sociales componían el Estado. El Inca estaba a la cabeza del imperio y lo gobernaba como soberano divino, cuya autoridad no reconocía límites. La familia del Inca constituía la primera clase social, a la que pertenecían los hijos, que, según las leyes del imperio, eran tenidos como legítimos por haber nacido de las esposas de sangre real. Seguían a éstos los príncipes bastardos, habidos en las numerosas concubinas del soberano.

Cada Inca había formado una familia numerosísima y de todos ellos se componía la nobleza de la sangre, en la cual estaban vinculados todos los cargos del imperio. Gozaban también del privilegio de nobles todos los descendientes de los compañeros de Manco Capac, fundador de la monarquía.

Clase aparte constituían también los curacas y sus familias y todos aquellos régulos de las provincias y jefes de las tribus conquistadas, que eran en número muy considerable.

Los intérpretes de los quipos, los artífices de todas aquellas artes conocidas en el imperio, los maestros del idioma quichua, depositarios de los conocimientos astronómicos y tradiciones históricas, y los sacerdotes dedicados al culto oficial del Sol formaban otra clase social, distinta de las demás. Los príncipes de la sangre, los sacerdotes, los nobles y los amautas o sabios estaban exentos del tributo del trabajo y vivían a expensas del Estado.

La contribución del trabajo pesaba, pues, únicamente sobre la clase popular, que formaba el número mayor de la población y vivía condenada definitivamente a sostener a las demás. Por último la ínfima clase social la constituían los yanaconas o sirvientes de las casas del Inca, de los curacas y de los nobles.

Los yanaconas serían, probablemente, los descendientes de antiguas tribus vencidas y, por lo mismo, condenadas a servidumbre. Éstos, aunque se ocupaban en oficios serviles, no eran esclavos, pues en la organización social de los incas era desconocida la esclavitud. Cosa digna de ponderación en gentes, a quienes no había alumbrado todavía la luz del Evangelio.

Los curacas gozaban del derecho de ser servidos por sus súbditos, y así éstos eran quienes estaban obligados a cultivar los campos de aquellos, a construirles casas y en algunas provincias también a conducirlos de una parte a otra, cargándolos en andas o palanquines, como pajes de litera. Pero, asimismo un curaca perdía su gobierno cuando daba muerte injustamente a alguno de sus súbditos, y aun hasta cuando era remiso en acudir a comer en público con la gente de su pueblo los días señalados cada mes por las leyes del imperio.

La familia podemos decir que en rigor no existía en la organización social discurrida por los incas, y puesta en planta en los pueblos que ellos conquistaron. Los curacas y los nobles podían contraer matrimonio con cuantas mujeres quisieran; y los incas de tal modo abusaron de la poligamia, que en su serrallo las concubinas llegaron a contarse por centenares. Por otra parte ¿no fueron los hijos del Sol quienes establecieron como ley sagrada de familia el incesto entre hermanos, declarándolo como el único matrimonio legítimo? ¿No era, por ventura, el hijo de tan repugnante ayuntamiento el heredero legítimo de la corona?

Sin embargo, la mujer, aunque no ocupaba en el hogar doméstico de los incas el lugar de compañera del varón, y aunque era propiamente una sirviente de éste, con todo hasta cierto punto, conservaba la dignidad de esposa, honrada con aquel decoro, que era posible en una familia constituida bajo los tristes auspicios de la poligamia. Por lo que respecta a los hijos, como los súbditos de los incas vivían abrumados por el peso constante del trabajo, no podía menos de suceder que los padres los consideraran, ante todo, en razón de la utilidad que podían sacar de ellos, para hacer con su auxilio menos intolerables las fatigas a que eran condenados. El cariño y la ternura de los afectos venían de este modo a agotarse casi completamente en el corazón de los padres.

La obediencia, la más ciega y absoluta obediencia, era la primera virtud y la indispensable disposición de ánimo de los súbditos de los incas. Jamás soberano alguno llegó a exigir una obediencia y sumisión más completa de parte de sus vasallos. El Inca reunía en su persona todas las autoridades posibles en una nación: como hijo del Sol era el primer sacrificador y el verdadero jefe supremo de todos los sacerdotes, y así en las fiestas principales del año él era quien ofrecía por sí mismo las libaciones a su padre, el Sol. Su voluntad era la única ley del imperio, y no estaba obligado a pedir consejo a nadie: si alguna vez se dignaba escuchar a los grandes de su corte, semejante condescendencia era un acto libre de su voluntad, a cuya observancia no estaba obligado por ley alguna: mandaba los ejércitos, disponía las conquistas, declaraba la guerra, concedía el perdón o condenaba al exterminio, sin que nadie tuviese derecho de reclamar ni de oponerse a su omnímoda voluntad.

Raras veces se dejaba ver en público, habitaba en palacios suntuosos, que él mismo se había mandado construir; los objetos destinados para su servicio eran sagrados, y cuanto había tocado su mano o estado en contacto con su persona adquiría un carácter divino y era necesario consumirlo en el fuego, a fin de evitar que fuese profanado. Los más grandes personajes de su corte entraban a su presencia agobiados por una carga ligera y le hablaban con los ojos bajos, sin que les fuese lícito alzarlos, sin su permiso, para mirarle al rostro. La joven que era introducida a su tálamo, se tenía por feliz; y la mano de alguna de las que habían sido concubinas del hijo del Sol era premio ambicionado por los más orgullosos curacas del imperio.

Cuando salía en público era conducido en una litera de oro a hombros de sus súbditos: las poblaciones se agolpaban a su paso, el camino por donde había de seguir su marcha estaba limpio hasta de las más menudas pajas y profusamente enalfombrado con flores. Cuando se dignaba descorrer el velo que le cubría, las muchedumbres apiñadas en el camino ponían el rostro en tierra y prorrumpían en estrepitosas aclamaciones de júbilo. Entonces, el vestido tejido de algodón o de finísima lana de vicuña, recamado con hilos de oro, los enormes pendientes del mismo brillante metal que reposaban sobre sus hombros, los collares, brazaletes y pechera también de oro engastados de piedras preciosas hacían aparecer al monarca con un aspecto deslumbrador ante la vista de la conmovida muchedumbre.

La cinta de lana de vicuña que le ceñía la cabeza, la borla carmesí que colgaba sobre su frente, y, en ocasiones solemnes, las plumas del misterioso coraquenque que le formaban una como guirnalda, sostenida por una plancha de oro, completaban el regio uniforme del hijo del Sol.

Había en el Perú una provincia entera cuyos habitantes tenían el cargo de proporcionar indios robustos adiestrados a llevar el paso igual, para que sirvieran en el oficio de conducir la litera o trono portátil del Inca. Y se asegura que el que se caía o tropezaba era condenado a muerte.

Otras provincias debían dar músicos y bailarines, que acompañaran la comitiva del Inca, solemnizando la marcha con cantos y danzas. Así, el viaje de los incas al través de su imperio se transformaba en una procesión alegre y pomposa, en una marcha triunfal, en la que las demostraciones de júbilo y de entusiasmo de los pueblos daban bien a entender que no sólo admiraban a su soberano, sino que le adoraban como a hijo de su divinidad tutelar.

Heredaba el imperio el hijo primogénito del monarca, habido en su hermana y esposa legítima. Cuando llegaba a la edad de diez y seis años, se le concedía con grande aparato la investidura de príncipe heredero del imperio. Esta ceremonia iba precedida de varios días de ayuno, de austeridades penosas y de ejercicios militares, en los que se probaba su robustez, su agilidad y su presencia de ánimo. Cuando salía bien de estas pruebas, se le horadaban las orejas con un alfiler de oro, para que principiara a llevar los grandes pendientes, que eran el distintivo de su raza. El mismo día eran condecorados también otros incas jóvenes, descendientes de las nobles familias del imperio.

Los cronistas castellanos han descrito menudamente todas las ceremonias que se solían practicar en aquella ocasión, haciendo notar la semejanza que se encuentra entre aquella práctica de los incas y el acto de armar caballeros, que se acostumbraba en varias naciones de Europa durante la Edad Media. Los incas exigían de sus hijos que fuesen esforzados en los peligros, fuertes para sufrir dolores en su cuerpo y soportar toda clase de privaciones, animosos para acometer y firmes en resistir. Para esto les obligaban a dormir sin abrigo en el suelo, a pasar largas horas de la noche en vela a la intemperie, a hacer carreras dilatadas, sufrir latigazos en las piernas desnudas, sin dar señales de sensibilidad, y acometer y defender sucesivamente una fortaleza en combates simulados. Estaban convencidos de que eran raza conquistadora, y era para ellos grande timbre de honra tener el cuerpo endurecido en las fatigas y el ánimo impávido en los peligros: la mayor afrenta que se podía dirigir a un Inca era apellidarle Mizhqui-tullu, hombre de huesos blandos.

Finalmente la exposición del sistema de gobierno y de las instituciones de los incas no sería completa, si no dijéramos una palabra acerca de las fiestas religiosas que tenían lugar durante el año.

IV

Debemos hacer notar aquí que los indios practicaban dos especies de culto: el público, oficial y solemne, tributado al Sol como a la primera divinidad del imperio, y el privado que cada tribu, cada parcialidad y aun cada familia daba a su ídolo particular. Ya en otro lugar hicimos esta advertencia, pero hemos juzgado necesario volver a repetirla ahora.

Para las dos clases de culto había asimismo dos clases de sacerdotes: los ministros que servían en el templo del Sol, y los sacrificadores dedicados a cada ídolo en su respectivo adoratorio. De este segundo ministerio sacerdotal no estaban excluidas las mujeres, antes en algunas provincias eran doncellas jóvenes las que desempeñaban el ministerio de sacerdotisas de ciertos ídolos determinados. En los templos del Sol no podían servir sino solamente los varones.

No obstante, en el Perú los sacerdotes no constituían una casta privilegiada ni usaban vestidos especiales que los distinguiesen del común del pueblo.

Hacían si profesión de vida austera y se sometían a largos ayunos. Todos los sacerdotes de los templos del Sol pertenecían a la familia imperial del Inca, y en los templos de las provincias dedicados a ídolos particulares no era raro que sirviesen como ministros los hermanos de los curacas u otros indios principales.

Los incas tenían nociones exactas acerca del curso del Sol y habían computado bien el tiempo, dividiendo el año en doce meses, o partes de tiempo distribuidas del solsticio de invierno de un año al solsticio de invierno del siguiente. Distinguían los equinoccios de los solsticios, y habían levantado columnas para determinarlos con precisión cada año; por esto la más general división del tiempo era en cuatro períodos, comprendidos entre los dos solsticios y los dos equinoccios, y al principio de cada uno de estos cuatro períodos celebraban una fiesta principal.

Podemos decir, con toda verdad, que las fiestas en el sistema religioso y calendario agronómico de los incas se daban la mano unas a otras; pues así que habían acabado de celebrar una, ya se preparaban para principiar a celebrar la siguiente. La manera de celebrarlas era haciendo sacrificios, bailes y bebidas. Los sacrificios variaban según la fiesta y la época del año: los animales que servían de víctimas en estas fiestas públicas al Sol eran llamas, alpacas, huanacos, ciertas aves de los páramos de la cordillera y también vicuñas algunas veces. El número de víctimas sacrificadas llegaba hasta ciento, y no era raro que en algunas de estas fiestas se sacrificaran también niños o doncellas hermosas de tierna edad.

Pero entre las varias fiestas públicas de los incas, dos eran las más solemnes: la del Capac Raymi o Baile real, que tenía lugar en el equinoccio de diciembre; y la de Intip Raymi, Baile o fiesta del Sol, la más suntuosa de todas cuantas se celebraban durante el año. En la primera se condecoraba con las insignias de la nobleza a los hijos de los incas, que habían llegado a la juventud: ésta era una fiesta de familia para los incas, en la que los extranjeros no podían tomar parte, por lo cual en esos días salían fuera del Cuzco.

La fiesta del Sol se celebraba en junio, el día del solsticio de verano. Diremos como la solían celebrar aquí en Quito. Precedían tres días del más riguroso ayuno: el día de la fiesta, por la mañana, mucho antes que saliera el Sol, se ponía en camino el Inca y, acompañado de toda su familia, subía a la cumbre del Panecillo; allí, en el más profundo silencio, con la cara hacia el Oriente aguardaban todos el nacimiento del Sol: silencio profundo reinaba también en el inmenso concurso que cubría las faldas del Pichincha...

Apenas los primeros rayos luminosos del astro del día rompían la atmósfera por tras de las gigantescas moles de la Cordillera oriental, cuando toda la muchedumbre se agazapaba, poniéndose en cuclillas, para presenciar en esa postura, (que para los indios era la más humilde y reverente), el majestuoso aparecimiento del Sol, que asomaba inundando de luz el firmamento. En ese mismo instante llenaba los espacios el ruido de los innumerables instrumentos músicos, con que de todas partes se saludaba el nacimiento del Sol. Puesto luego en pie el Inca, dirigiéndose al Sol, mientras con ambas manos levantadas en alto le presentaba chicha en dos grandes vasos de oro, le hacía una fervorosa deprecación: derramaba en una tina de oro el licor del vaso que tenía en la derecha; tomaba un sorbo del que llevaba en la izquierda, y lo presentaba a los que le rodeaban: éstos bebían a su vez un bocado, y luego entraban al templo para adorar al Sol en su imagen de oro, sobre cuya faz bruñida estaban ya reverberando los rayos del astro esplendoroso.

Esta fiesta era la principal en el Cuzco, y, cuando Huayna Capac escogió a Quito por su residencia predilecta, esta ciudad fue testigo durante más de veinticinco años de la gran solemnidad del Intip Raymi. Huayna Capac hizo más: dispuso que el año principiara en Quito en esta fiesta, cuando cambia completamente el aspecto de la naturaleza en estas partes, cesan del todo las lluvias, el aire está sereno, el cielo despejado y la atmósfera límpida y transparente.

Así el año daba principio en el Cuzco en el solsticio de invierno, a fines de diciembre; y en Quito en el solsticio de verano.

Para esta fiesta de Intip Raymi era para cuando los incas hacían ostentación de lujo y de riqueza en sus adornos y vestidos. Entonces desplegaban en sus arreos todo el fausto de que eran capaces: unos se disfrazaban llevando por mantos pieles de animales, otros grandes a las desplegadas; cada cual procurando, en los caprichosos vestidos con que se presentaba aquel día, recordar la alcurnia o linaje de que creía descender, pues, según la tan generalizada preocupación de las tribus americanas, cada una atribuía su origen a algún animal determinado, preciándose los unos de ser descendientes del jaguar o tigre americano; y los otros, de tener por su progenitor a la serpiente o al cóndor o a otro animal raro o temible.

La propensión a los adornos, principalmente a los raros y vistosos, les hacía preferir para sus vestidos los colores más vivos, sobre todo el rojo con sus diversos matices y el amarillo más o menos pronunciado. Las indias, hasta en las fajas, con que se ceñían el hanaco o manta que les servía de vestido, gustaban de llevar líneas rojas o amarillas, prefiriendo en semejantes adornos la línea curva a la recta y recamando sus ceñidores con grecas vistosas y elegantes.

Celebraban también en el mes de marzo, es decir en el equinoccio de primavera, otra fiesta muy solemne, que era la de la renovación del fuego sagrado; y en setiembre hacia el equinoccio de otoño, la de la purificación anual para conjurar todos los males.

El método que observaban en su ayuno se reducía a abstenerse principalmente de sal, de ají y del trato carnal con mujer: cuando el ayuno era muy riguroso no comían sino un poco de maíz tostado. En todo caso, los días de ayuno no probaban licor alguno fermentado.

Por esta ligera exposición que acabamos de hacer del sistema de gobierno y de las instituciones políticas de los incas, es fácil conocer los vicios capitales de que adolecía semejante organización social. Los incas habían eliminado la propiedad individual y suprimido todo estímulo para el trabajo personal: el indio no era dueño del terreno que cultivaba, no podía dejarlo en herencia a sus hijos después de sus días ni aumentarlo jamás en un palmo siquiera de extensión. Por mucho que trabajara, sus bienes no podían acrecentarse nunca, ni le era dado disfrutar de comodidad mayor. Como no había comercio ni moneda, el pueblo estaba estacionario y sus trabajos no podían aprovecharle en manera alguna, porque se hallaba condenado a vivir siempre de esa vida monótona, en la que un día era semejante a otro día, sin más alternativa que la de las degradantes borracheras en las fiestas del Sol y en el cultivo de los campos del Inca.

Los móviles que ponen en ejercicio la actividad humana, los estímulos que aguijonean al trabajo no existían, pues, para los indios, bajo el sistema de gobierno planteado por los incas. Ni ambición ni codicia ni siquiera utilidad personal podía mover al indio al trabajo. Los incas procuraron extender los límites del imperio, añadir provincias a provincias; pero no pudieron abrir a los pueblos conquistados el camino de su verdadera felicidad y engrandecimiento moral.

Semejante sistema de gobierno no pudo establecerse completamente en toda la extensión del imperio ni fue puesto en práctica del mismo modo en todas partes. En el antiguo Reino de Quito tropezó con la nobleza, que gozaba del derecho de gobernar a una con el soberano, y los régulos de la nación de los caras no se sometieron nunca a la miserable condición de usufructuarios de las mismas tierras que habían poseído como dueños y señores. Vencida la nación, triunfaron en gran parte sus antiguas instituciones.

Si la conquista española no hubiera venido a derribar violentamente el trono de los incas, las numerosas naciones que componían el imperio, más tarde o más temprano, habrían sacudido el yugo de los hijos del Sol y formado de nuevo reinos independientes. Semejante fraccionamiento de la monarquía incásica hubiera acontecido al andar de poco tiempo, aun sin la división que a su muerte hizo de ella el inca Huayna Capac, porque contenía en su propio seno elementos muy disolventes. Para conservar en su vigor semejante organización social, era indispensable un número muy crecido de empleados, lo cual no podía menos de causar grande embarazo a la administración.

El pueblo tenía que vivir sumido en la más profunda ignorancia, sin esperanza alguna de cambiar de condición moral, porque los incas habían establecido una ley inexorable, por la cual los hijos debían conservarse perpetuamente en el mismo oficio y en la misma jerarquía social a que habían pertenecido sus padres. ¿Podía semejante organización social no venir, al suelo, recibiendo repentinamente el brusco sacudimiento que le dio la conquista?

La organización social y las instituciones políticas de los incas tendían a crear un pueblo donde la igualdad más estricta conservara el orden; pero, para conseguir semejante objeto, aniquilaban la actividad individual y viciaban radicalmente el carácter moral del indio, ya de suyo tan propenso a la inacción y hasta, al parecer, tan insensible a los estímulos de la comodidad.

CAPÍTULO VII

I

Suelen algunos historiadores tratar con gran copia de erudición el punto relativo al origen de los primeros pobladores del Nuevo Continente o hemisferio occidental; pero, según nuestro modo de ver, esa cuestión, tan oscura, tan difícil, tan enigmática, no puede ser resuelta satisfactoriamente en el estado en que ahora se encuentran las ciencias experimentales y de observación, auxiliares necesarios e indispensables de la Historia.

Se debe estudiar primero las diversas razas que poblaban el continente americano en la época del descubrimiento, fijar con toda precisión y exactitud el número de ellas y los caracteres peculiares de cada una, y determinar cuáles son los rasgos comunes a todas y cuáles aquellos en que se diferencian las unas de las otras, para conocer si, acaso, pueden reducirse todas a un solo tronco común, o si ha habido varios tipos esencialmente diversos. Lo que hemos dicho que debe hacerse respecto de todas las naciones americanas en general, eso mismo añadimos que debe practicarse relativamente a las que se hallaban establecidas en el territorio de las provincias que forman ahora la República del Ecuador. Si primero no conocemos bien cuántas eran, en verdad, las razas indígenas que poblaban nuestra República antes de la conquista, ¿cómo podremos resolver con acierto el oscuro problema relativo al origen de ellas? Si no logramos discernir con toda claridad los usos y costumbres peculiares de cada una, ¿será posible que descubramos las relaciones que tienen con otras naciones americanas, cuya historia es mejor conocida? ¿Se hallan, por ventura, completamente exploradas el Asia, el África y la Oceanía? Se ha llegado, acaso, a determinar el número de las razas que las pueblan, su historia y sus vicisitudes, para que se pueda decir, sin peligro de equivocarse, con cuáles de esas razas están relacionadas las americanas, ni mucho menos de cuáles de ellas traen su origen?

Por lo que respecta a las naciones indígenas antiguas del Ecuador, confesamos con franqueza, que apenas podemos emitir algunas conjeturas más o menos fundadas; y que no es posible presentar conclusiones históricas evidentemente ciertas. Quizá algún día, mediante prolijas investigaciones arqueológicas, se logrará acumular cuantos datos sean necesarios para componer una historia digna de ese nombre, consagrada a narrar la vida de las antiguas naciones indígenas ecuatorianas. Por ahora, debemos contentarnos con exponer las escasas noticias que tenemos acerca del origen de algunas de ellas.

Según una tradición antigua muy poco conocida, después del Diluvio aportaron algunos indios a la bahía de Caraquez; no se sabe si dirigiéndose a ella deliberadamente, o arrojados contra su voluntad por la fuerza de las corrientes. Algunos de los recién venidos se establecieron en la punta de Sampu, que hoy se llama de Santa Helena; el jefe de ellos era un cacique apellidado Tumbe o Tumba, cuyo gobierno, a lo que se dice, hizo prosperar la colonia.

Andando el tiempo, como la colonia se hubiese aumentado mucho, Tumba creyó oportuno enviar una expedición en busca de nuevas tierras donde poblar: nombró, pues, un jefe y lo mandó que siguiese el rumbo hacia el Sur; con lo cual la nueva colonia fue a establecerse en tierras del Perú. Mas Tumba murió sin saber nada acerca de ella, porque ninguno volvió a darle noticias, a pesar de habérselo encargado mucho al tiempo de partir.

El cacique Tumba dejó dos hijos varones, el mayor de los cuales se llamaba Quitumbe, y el segundo Otoya: los dos hermanos no tardaron en reñir después de la muerte de su padre, viviendo en grande desconfianza el uno del otro. Tanto para cumplir las órdenes que el padre les había dado al morir, como para poner término a las desavenencias con su hermano, tornó Quitumbe la resolución de abandonar el país: partió, pues, acompañado de todos los que quisieron seguirle, y fundó una población, a la que, para honrar la memoria de su padre, la llamó Túmbez. Quitumbe se había desposado con Llira, célebre por su hermosura; mas sucedió que ésta se hallase en cinta al tiempo de la partida de su marido, por lo cual no pudo seguirle. Llira, en ausencia de su esposo, dio a luz un niño, al cual le puso por nombre Guayanay, que quiere decir golondrina.

Guayanay fue el progenitor y padre de quien descendieron más tarde los incas del Perú.

En cuanto a Otoya, se dice que fue muerto por los gigantes, que desembarcaron por aquella misma época en las costas de Manta.

Las crueldades que hacían con los naturales llegaron a oídos de Quitumbe y le inspiraron tanto horror, que salió del pueblo que había fundado y vino a refugiarse en la isla de la Puná, de donde también al fin hubo de emigrar, y subiendo aguas arriba el río Guayas llegó a la meseta interandina y se estableció aquí con los suyos, echando los cimientos de un reino, al cual del nombre de Quitumbe su fundador se le llamó Quito.

La leyenda añade que Quitumbe regresó después a la costa del Pacífico y que estableció allí una tercera colonia, erigiendo a Pachacamac un templo, el cual llegó a ser muy famoso en todo el Perú.

Por lo que respecta a Guayanay, vivió en una isla, donde formó también un pueblo numeroso, que al cabo hubo de salir en demanda de la tierra firme, para establecerse en ella, guiado por las cimas de las altas montañas de la cordillera, que se alcanzaban a divisar desde la isla. Esta inmigración de los descendientes de Guayanay fue acaudillada por un nieto de éste, llamado Manco, el cual, a su vez vino a ser el padre de la dinastía de los incas y el fundador de la monarquía del Cuzco.

Según esta leyenda, el origen de la tribu de los Quitos, vencida por los caras, y el de la dinastía de los incas fue el mismo: el padre o primer progenitor de entrambas es uno mismo, viene de lejos, llega navegando a las costas del Ecuador, y de allí se propagan sus descendientes, pasando unos a establecerse bajo la línea equinoccial, yendo otros a poblar en la altiplanicie del Cuzco.

Esta leyenda o tradición acerca del origen de los Quitos y de los incas no carece de cierta verosimilitud, y podemos aceptarla, aunque no sea más que como una prueba del recuerdo de esas sucesivas inmigraciones que llegaron a la América Meridional en los siglos anteriores a su descubrimiento. Mas, ¿de dónde procedían estas inmigraciones? ¿En qué estado de civilización se encontraban los pueblos, de dónde habían salido esas colonias? ¿Salían directamente con rumbo a las costas occidentales de la América Meridional, porque conocían de antemano la existencia de este continente, o, tal vez, una tempestad las arrojaba a estas playas, sin que hubiesen tenido conocimiento de ellas? Muy diversa debió ser la condición de los inmigrantes en uno y en otro caso: si llegaron de improviso a estas costas, su situación no pudo menos de ser miserable, porque se encontrarían faltos de todo para la vida y sin otros recursos que los que les sugería su industria, atendido el estado de civilización de que gozaban en su propio país. Si vinieron directamente a América, con el propósito de establecerse en ella, muy probable es que trajeran algunos instrumentos, algunas armas, en una palabra, aquellas cosas, sin las cuales no podían practicar las artes de que tenían conocimiento allá en el país, desde donde se habían puesto en camino buscando otra tierra en que establecerse. También los caras conservaban la tradición de antiguos viajes por mar, pues recordaban que sus antepasados habían arribado a la bahía de Caraquez, navegando en balsas, y que habían hecho su primera mansión en las costas del Pacífico, donde fundaron una ciudad, a la cual del nombre que ellos se daban a sí mismos le llamaron Caran. Esto manifiesta que los caras eran ya un pueblo formado y bien organizado cuando llegaron a las costas del Ecuador, pues su primera diligencia, al pisar la playa a que arribaban, fue fundar una ciudad, para residir en ella, gobernados por un rey, por un Scyri o señor de todos. Traían, pues, los caras un culto religioso propio y leyes, usos y costumbres, que les eran peculiares.

Mas, ¿de dónde venían los caras? ¿Procedían, tal vez, de Centro América, en cuyos territorios encontramos acumuladas las ruinas de ciudades y de monumentos misteriosos? ¿Salieron, acaso, de las islas de la Oceanía, y, navegando hacia Oriente, vinieron a dar en las costas occidentales del Ecuador?... Preciso es confesar que ante estos problemas la Historia se ve condenada a guardar profundo silencio, o, cuando más a emitir conjeturas más o menos verosímiles, en vez de respuestas terminantes, fundadas en hechos evidentemente ciertos.

II

Entre las naciones indígenas de las costas del Ecuador había una tradición muy válida relativa a cierta tribu de gigantes, que vivieron en las cercanías del puerto de Manta y en la punta de Santa Helena. Esta tradición nos parece forjada después de la conquista, porque las circunstancias con que la refieren algunos historiadores son indudablemente inventadas por los conquistadores castellanos, que acomodaban las relaciones de los indios a las enseñanzas cristianas. Esos gigantes eran tan numerosos que formaban un pueblo considerable, vestían de pieles de animales, llevaban el cabello largo, tirado a la espalda; se alimentaban de la pesca y, como eran todos varones, mataban a las mujeres de los indios; queriendo cohabitar con ellas, o se entregaban a vicios nefandos contrarios a la naturaleza, cometiendo crímenes tan infames públicamente, sin rubor ninguno. Dícese que un día, cuando se hallaban solazándose así criminalmente, cayó fuego del cielo que los redujo a cenizas, y que, por entre las llamas de aquel incendio, ¡se vio discurrir un joven misterioso con una espada desnuda!... En esta narración hay, evidentemente, reminiscencias bíblicas.

La considerable acumulación de huesos fósiles de los enormes cuadrúpedos que han habitado en estas partes de América, en épocas geológicas anteriores a la nuestra, dio, sin duda, origen a la tradición fabulosa de los gigantes, que poblaron algunas provincias de Méjico y del Ecuador, en tiempos muy remotos, y mucho antes de la formación del imperio de los incas en estas comarcas de la América Meridional.

No es imposible, que, de tiempo en tiempo, hayan existido algunos o acaso muchos individuos de estatura mayor que la común y ordinaria de los hombres; pero una tribu entera, un pueblo numeroso de sólo varones, de edades diversas, tan gigantescos que los indios americanos les hayan llegado apenas a la rodilla, eso parece físicamente imposible y contrario a las leyes constantes de la naturaleza. Por lo mismo, la tradición relativa a los gigantes de Manta y de Santa Helena debe ser contada entre las fábulas de que, por desgracia, no deja de estar llena la historia de América en los tiempos anteriores al descubrimiento y la conquista.

Según la misma tradición, se atribuyen a los gigantes los grandes pozos artesianos, que se conservan todavía en varios puntos de la provincia de Manabí y de la de Guayaquil. Existen actualmente pocos respecto de los que ha habido en tiempos antiguos, y son obra digna de toda ponderación, por la manera como están construidos. Su forma es perfectamente circular, y el diámetro va progresivamente estrechándose de la boca del pozo hacia el fondo: las paredes se han edificado con grandes piedras sin labrar, puestas unas junto a otras, con tal arte y esmero que, unidas, dan a los muros solidez y hermosura notables. Siglos tras siglos han pasado desde que esos pozos fueron abiertos en la roca viva, y hasta ahora se conservan intactos, a pesar de las injurias del tiempo y el descuido de los hombres. Muchos se han cegado y sus brocales de piedra indican donde estaban; otros aún continúan abiertos, y del fondo de ellos todavía manan aguas claras, dulces y potables.

Dos de estos pozos son muy profundos y dan aguas más delgadas que las de los otros: el uno está sobre Montecristi, y el otro en Jipijapa en el punto denominado Choconchá. Como toda la costa de Manabí y gran parte de la de Guayaquil carece de ríos y de manantiales descubiertos, los antiguos pobladores indígenas excavaron profundos pozos artesianos y los acondicionaron del mejor modo posible, labrando de piedra las paredes, con lo cual lograron conservarlos siempre limpios y abundantes en agua potable.

Causa ciertamente admiración que unas tribus indígenas, que carecían de instrumentos de hierro, hayan podido cavar en la peña viva pozos tan profundos, y que hayan poseído conocimientos naturales que no era de esperar que tuvieran gentes bárbaras y tan atrasadas en todos los demás géneros de industria. Tan notable es la obra de los pozos artesianos antiguos de la provincia de Manabí, que los cronistas de Indias, y antes que ellos los conquistadores, creyeron que había sido llevada a cabo por una raza de gigantes.

Otra de las tradiciones antiguas que tenían las tribus indígenas ecuatorianas era la relativa a un diluvio o inundación general, en la que perecieron todos los habitantes que entonces había en el globo. Los quitos decían que la inundación cubrió toda la tierra, menos la cima del Pichincha, donde, en una choza fabricada de palos, lograron salvarse unas pocas personas, de quienes descendían todas las demás. Esta tradición de los quitos, tal como la recuerda el padre Velasco, parece verdadera en el fondo; pero las circunstancias relativas al número de los hombres que se salvaron, a la inundación general, al cuervo que se entretuvo comiendo de los cadáveres de los ahogados y otras semejantes, son indudablemente añadidas después por los historiadores o analistas castellanos.

Hemos visto ya cómo referían esta misma tradición los cañaris.

Mas, estas tradiciones de las tribus ecuatorianas relativamente a la inundación general en que perecieron todos los habitantes de la tierra, ¿eran una reminiscencia vaga del Diluvio de Noé, de que nos habla el Historiador Sagrado, ¿o se referían, tal vez, a un gran cataclismo, que haya acontecido aquí en América?... Notemos que esas tradiciones están todas localizadas, aquí en América: no se refieren a otros países lejanos donde aconteciera la inundación, se concretan a lugares determinados y éstos son precisamente aquellos en que vivía cada tribu, donde moraba cada nación. Muy difícil es, por otra parte, lograr discernir ahora cuál es la verdadera y genuina tradición de los indios antiguos y cuáles las circunstancias o accesorios, con que la exornaban los escritores castellanos. Muchos de éstos eran religiosos o eclesiásticos, y, al encontrar entre los indios una tradición antigua análoga a las enseñanzas cristianas contenidas en la Biblia, creían de buena fe que habían descubierto creencias idénticas a las de nuestra religión y las adoptaban sin mayor discernimiento, confundiendo, tal vez, de ese modo unas cosas con otras.

III

La tradición relativa a ciertos hombres blancos y barbados, que aparecieron de repente en medio de las tribus indígenas, es otra circunstancia muy digna de examen, tratándose de la historia de las naciones, que poblaron antiguamente estas provincias. Las tribus de los zarsas y las de las paltas en la provincia de Loja, y las de los puruhaes en Ambato y en Latacunga señalaban unas piedras grandes, en las cuales se veían impresas las huellas de un pie humano, que manifestaba ser de varón. Esas piedras eran muy veneradas por los indios, porque decían que sobre ellas se había solido parar un personaje misterioso, que enseñaba doctrinas religiosas nuevas y desconocidas. Este personaje era extranjero, andaba como peregrino y, al despedirse de los indios, se quitó la sandalia con que llevaba calzados sus pies, y estampando en la piedra su planta derecha, dejó patentes sus huellas, para memoria y recuerdo perpetuo de su venida a estos lugares y de su predicación a las antiguas tribus indígenas pobladoras de estas provincias.

Los conquistadores y los primeros cronistas americanos explicaban muy fácilmente esta tradición, diciendo que el personaje misterioso no podía ser otro sino uno de los Apóstoles y, sin duda ninguna, Santo Tomás o San Bartolomé. De este modo, la presencia de los dos Santos Apóstoles en el Nuevo Mundo les parecía un hecho averiguado y acerca de cuya verdad no podía dudarse.

Empero, ¿cuál pudo ser el origen de esta tradición? No es raro encontrar piedras con hendiduras, que semejan, naturalmente, de una manera más o menos perfecta la huella de un pie humano: la imaginación viva de los indios y su carácter, propenso a la superstición, les hacían ver en esas piedras más de lo que en realidad había; las hendiduras se convertían en huellas perfectas y veían claramente, auxiliados de su preocupación, las señales de un pie desnudo, estampadas en la piedra, y sobre un fundamento tan vano se levantaba toda una leyenda o tradición. Recordemos además que los indios, en apariencia tan rústicos y sencillos, son en el fondo muy astutos y disimulados; y así no es difícil que, preguntados por los españoles sobre el motivo, por el cual tributaban veneración supersticiosa a ciertas piedras, les hayan respondido, con sagacidad, haciéndoles relaciones maravillosas, para halagarles el ánimo y sorprenderles.

La tradición del personaje misterioso que dejaba, al partir, grabadas las huellas de sus pies en las piedras desde donde predicaba a los indios, no era propia solamente de las antiguas naciones ecuatorianas, sino de muchas otras tribus del Perú y hasta del Gran Chaco en el Paraguay. Ese personaje misterioso era anciano, de aspecto venerable, de otra raza distinta de la americana; llevaba a la mano un cayado en que apoyarse, su vestido era talar y obraba milagros... ¿Qué más se necesitaba para tener a ese personaje maravilloso por el apóstol Santo Tomás? Había venido de fuera; desapareció de un modo sobrenatural; pero, ¿todas estas circunstancias eran creídas y repetidas por los indios, antes de la conquista? La crítica histórica está obligada a examinarlo detenidamente.

Entre esta tradición y la que conservaban los mejicanos relativamente a Quetzatcoatl, su legislador, hay una diferencia muy notable: lo mismo podemos decir respecto del mito de Votán, tan célebre entre los pueblos de la América Central, siempre que el Votán de los quichés no sea el mismo Quetzatcoatl de los aztecas, como opinan algunos graves autores. Los personajes misteriosos de los aztecas y de los quichés son fundadores de imperios y de nacionalidades, y legisladores, a la vez civiles y religiosos: arreglan el culto y organizan el estado, y después desaparecen. El personaje de la leyenda ecuatoriana y de la peruana aparece aislado, y, a manera de peregrino o viajero, recorre la tierra; pero sin fundar institución alguna durable.

Si ese personaje hubiera sido en verdad un apóstol de Jesucristo, habría fundado entre las tribus indianas la institución social permanente, que los apóstoles fundaron en todas las provincias del antiguo mundo, donde anunciaron el Evangelio. En efecto, la predicación apostólica no era ni podía ser nunca una enseñanza puramente especulativa; antes la predicación de la doctrina estaba siempre acompañada de la fundación y organización de la Iglesia, con la institución de un sacerdocio permanente. Nada semejante se ha encontrado en América.

Por esto, de todas aquellas prácticas y ceremonias religiosas de los incas, en las cuales se ha pretendido encontrar rastros de cristianismo, ninguna nos parece verdaderamente análoga a las instituciones católicas sino la Confesión, y aun ésta, atendida la manera, cómo la practicaban los incas, creemos que puede explicarse muy bien por ese deseo innato de desahogo secreto y confidencial, que experimenta el corazón humano en ciertas circunstancias angustiosas de la vida.

Muchas de las tradiciones maravillosas debían, pues, eliminarse de la historia americana.

IV

El estudio de las costumbres, de las leyes y de las tradiciones de las antiguas tribus indígenas ecuatorianas es muy interesante, para rastrear el origen de los americanos, la semejanza de las razas que poblaban el Nuevo Continente y las vicisitudes históricas por las que habían pasado en los tiempos anteriores a la conquista. Nada ofrece tanto interés, por otra parte, como la comparación de los usos, tradiciones y costumbres de los antiguos indios ecuatorianos, con los de los demás pueblos de América: esa comparación, hecha con discernimiento y crítica ilustrada, puede conducirnos a conclusiones históricas muy importantes.

Los antiguos caras conocían las esmeraldas y hacían de ellas tanta estimación, que les tributaban hasta un culto religioso. Habían descubierto la mina de esas piedras preciosas; su explotación debió estar en uso entre los pueblos de la costa, y la labor y pulimento de las piedras era, sin duda, una industria común, siendo muy digno de admiración que hayan llegado a taladrar primorosamente las esmeraldas, sin tener instrumentos de acero ni de hierro.

Los scyris de Quito, como los reyes de Tezcuco, llevaban una esmeralda colgada sobre la frente; lo cual era en unos y en otros insignia de poder y de dignidad. En Manta una esmeralda era adorada como divinidad protectora de la salud; y, si hemos de creer a nuestro historiador Velasco, esa joya estaba tallada en forma de una cabeza humana bastante tosca.

En Méjico eran muy estimadas las esmeraldas y, acaso, los aztecas, aprendieron semejante estimación de los antiguos Toltecas, pueblo culto y civilizado, que ocupaba el valle de Anahuac muchos siglos antes de la conquista de Méjico por los españoles.

Cuando éstos descubrieron las costas del Ecuador, encontraron en la provincia de Manabí estatuas de piedra de dimensiones considerables, con adornos y atributos semejantes en la apariencia, a las vestiduras sagradas que se usan, en las ceremonias del culto católico, pues algunas llevaban un tocado muy parecido a la mitra episcopal. Como, por desgracia, ninguna de esas estatuas se ha conservado hasta nuestros tiempos, no nos es posible formar juicio ninguno acerca de ellas. ¿Quiénes fueron los que las fabricaron? He aquí una cuestión, que, acaso, no podrá ser resuelta jamás satisfactoriamente. Nosotros creemos que la costa estaba poblada por gentes de diverso origen, que habían llegado allí en épocas distintas. No sabemos que los caras, que dominaron en Quito y en otras provincias del interior, hayan fabricado jamás estatuas de piedra; ni la tradición histórica lo refiere ni la Arqueología ha llegado a descubrirlo hasta ahora. Parece, pues, que el pueblo que trabajaba la piedra en Manabí no era la misma tribu de los caras, sino otra distinta, cuyo origen, tal vez, no sería difícil encontrar en los indígenas de la isla de Pascua o en esos pueblos desconocidos de Centro América, que han dejado tantos restos de su civilización, perdidos entre los bosques seculares, con que la naturaleza ha cubierto sus estatuas, ídolos y monumentos.

En la isla de Pascua se han encontrado estatuas de enormes dimensiones, trabajadas en piedra; y sorprende la semejanza que muchas de ellas tienen con las esculturas de los aymaraes del Perú y de Bolivia.

Hállanse además en la isla vastas plataformas; construidas con grandes piedras sin labrar, y terrazas, que, sin duda ninguna, servían de cementerios a los primeros pobladores. Pero, ¿quiénes eran éstos?... Los indígenas, que habitan actualmente la isla, conservan el recuerdo de una antigua emigración, que, tal vez, se remonta al siglo XII de nuestra era, cuando sus progenitores aportaron a la isla, saliendo de otra, situada hacia el Occidente. Entonces la encontraron ya poblada: las estatuas, las plataformas, los cementerios y todos los demás edificios de piedra, cuyas ruinas se ven todavía en la isla, son obra de sus primeros pobladores. Hubo, pues, en esa isla en tiempos muy antiguos una población numerosa y bastante adelantada, que fabricaba estatuas, levantaba monumentos y sabía trabajar la piedra.

Un estudio comparativo de los restos de la civilización de los primitivos pobladores de la isla de Pascua, con los de las antiguas tribus indígenas, que habitaban las costas del Ecuador al tiempo de la conquista, tal vez, habría dado alguna luz para rastrear el origen y la procedencia de ellas; pero, por desgracia, casi nada es lo que de esos pueblos ha quedado, y lo que nos dicen los historiadores de la conquista no es suficiente para formar juicios comparativos. Acaso, algún gran cataclismo trastornó en parte esas islas, haciendo desde entonces muy difíciles y raras las comunicaciones con el continente, que antes pudieron ser más fáciles y frecuentes.

La diferencia de razas se manifiesta también por la diversidad de los monumentos que construyeron. Según nuestro juicio, deben distinguirse tres clases de construcciones en tierra, a saber: el túmulo propiamente dicho, el adoratorio y la fortaleza. El túmulo es monumento funerario; el adoratorio es religioso y la fortaleza es militar.

Los túmulos consisten en eminencias o montecillos de tierra más o menos elevados, de forma casi circular perfecta. El mayor y más notable de estos monumentos es el de la llanura de Callo cerca de Latacunga. Los demás se encuentran en el norte en la provincia de Imbabura, y en los dilatados llanos de Cayambi. En la provincia de Pichincha debieron haber existido también indudablemente, pero han de haber sido deshechos por los buscadores de tesoros. Acaso, no sería muy aventurado, si tuviéramos al Panecillo de Callo por túmulo de algún jefe principal de los primitivos pobladores de la provincia de León. ¿Fue, tal vez, un monumento religioso? Su fabricación ¿estará, por ventura, relacionada con el culto supersticioso, tributado indudablemente al volcán de Cotopaxi? ¿Se podría haber referido a la tradición del misterioso personaje, blanco, barbado, que predicó en esa misma llanura?... Nada puede asegurarse ahora con certidumbre.

Los túmulos son, pues, en el Ecuador monumentos, propios solamente de una tribu o nación antigua, la cual habitaba el centro de la República a entrambos lados de la línea equinoccial.

Sabemos que los caras adoraban al Sol y que le habían levantado un templo en la cima del Panecillo, monte de figura cónica perfecta que se levanta aislado al sur de Quito, ocupando una situación independiente de todos los demás; cerros y colinas, que rodean a la ciudad. Su forma es tan regular y tan hermosa, que parece hecho a mano; y, si sus dimensiones no fueran tan grandes, podría creerse que fue construido de propósito para que sirviera de adoratorio o templo del Sol.

En la provincia del Azuay hemos encontrado algunas colinas, que, sin duda ninguna, fueron lugares sagrados, donde practicaban ceremonias religiosas los antiguos cañaris. En el mismo punto en que está ahora la aldea de Chordeleg, hay dos colinas muy notables: la una se conoce con el nombre de Llaver, y la otra con el de Zhaurinzhí; se hallan una en frente de otra ocupando respectivamente los extremos de la diagonal, trazada de Oriente a Occidente en el plano de las famosas sepulturas encontradas en aquel lugar. Estas colinas estaban labradas por la mano del hombre, y se les había dado la forma de pirámides cuadrangulares truncadas, divididas en dos o, acaso, en más cuerpos desiguales de mayor a menor; pues en la una, en la oriental, a pesar del transcurso del tiempo y de las mudanzas que ha sufrido el terreno, removido por la labranza, todavía se veían (1878) algunos restos del muro de piedra de uno de los cuerpos de la pirámide. El muro había sido construido con piedras toscas, pequeñas, primorosamente ajustadas unas con otras.

En la misma provincia hay otras colinas que no pudieron menos de ser adoratorios, y aun lugares destinados para inmolación de víctimas humanas. Se designan ordinariamente con el nombre general de fortalezas de los incas o Pucará; pero no deben confundirse los edificios militares de los incas con los monumentos religiosos de los cañaris. Cuando los incas construían una fortaleza, elegían siempre el punto más estratégico, según el sistema militar de ataque y de defensa, conocido y practicado por ellos. Los incas fortificaban las colinas o altozanos naturales, levantando muros que les servían de parapetos, por tras de los cuales podían ofender con facilidad: estos muros eran, por lo regular, circulares, y rodeaban al contorno toda la colina. En los adoratorios de los cañaris se notan, a la simple vista, los compartimentos de la pirámide, sin muros de defensa ni baluartes: las fortalezas militares de los incas están casi siempre arrimadas a las cordilleras y presentan una parte del conjunto libre y desembarazada, mientras que la otra está resguardada por la configuración natural del terreno, en el punto en que ha sido edificada los adoratorios de los cañaris están aislados y se destacan de todos los demás cerros y colinas en medio del campo. En el pueblo llamado Pucará, en la cordillera occidental, hay uno de estos adoratorios o teocallis, tiene tres cuerpos y forma una pirámide cuadrangular truncada, a la cual se sube por un plano inclinado, que corresponde exactamente a uno de los lados. De la cima de esta pirámide se alcanza a divisar, el Océano Pacífico, cuyas aguas asoman en lontananza, confundiéndose con el azul de los cielos, cuando el horizonte está completamente despejado.

El monte denominado Supay-urco y el que se levanta sobre el pueblo de Cumbe, parece que serían también adoratorios, en los cuales no sería aventurado creer que se sacrificaban víctimas humanas.

En el distrito de Cañar, en una hondonada, que está en las cordilleras del lado occidental, hay unas ruinas notables, conocidas con el nombre de Hana-cauri, palabra que restituida a su exacta pronunciación debía ser indudablemente Hának-Huari. Llamábanse así los lugares sagrados, en que, según las creencias supersticiosas de los indios, habían venido al mundo sus mayores, los padres o progenitores de la tribu. El hának-Huari era, pues, como la cuna de cada nación o parcialidad, y, por este motivo, se tenía por lugar sagrado, en el que se rendía adoración a los númenes tutelares de la tribu.

En el hának-huari de Cañar hay una roca grande levantada en medio de una plataforma semicircular: la roca está trabajada en forma de mesa cuadrangular, con asientos a cada lado y ciertos recipientes o fuentes, que comunican por medio de canales angostos con la tabla dirémoslo así de la mesa. ¿Cuál sería el objeto, a que estaba destinada esta construcción? ¿Sería, acaso, una ara, donde se sacrificaban víctimas humanas? Esas canales ¿servirían, tal vez, para conducir la sangre de las víctimas a los recipientes preparados para recibirla?... Nada podemos asegurar con certidumbre, y tan sólo nos limitamos a emitir, con reserva, ciertas conjeturas, que no carecen enteramente de fundamento.

No es el Ecuador el único punto de la América Meridional, donde se han encontrado restos de los teocallis o adoratorios de los nahuas, esa raza poderosa que pobló Centro América y el valle de Anáhuac, en tiempos muy remotos. La presencia de los nahuas en la América Meridional se puede hacer constar por las huellas que han dejado, desde las llanuras de Bolivia en Tiahuanaco hasta los valles de Nicaragua, al otro lado del istmo de Panamá. Esos adoradores de la milicia celeste, que construían grandes pirámides por templos y que levantaban sus altares al aire libre, descendieron, probablemente, a la América Meridional, cuando sus tribus no habían alcanzado todavía en su civilización aquel grado de desenvolvimiento, a que llegaron más tarde en la América Central y en Méjico; pues la época de sus emigraciones no está bien determinada. Hasta en la lengua de los pueblos de la costa ecuatoriana y de los llanos septentrionales del Perú no sería difícil encontrar analogías con la de los famosos nahuas, fundadores del impero de Xibalba.

Encuéntrase también entre algunas tribus del Ecuador la costumbre de deformar el cráneo artificialmente, ya alargándolo hacia arriba, ya deprimiéndolo por la frente y la nuca hasta dar una figura ancha y desapacible a la cabeza y al rostro. Esta costumbre la hallamos en muchos otros pueblos de América, con quienes no sabemos que los paltas y varias tribus de Manabí hayan tenido trato ni comunicación alguna. La costumbre de deformar el cráneo, ¿nació de una tradición que remontase su origen a la cuna de los pueblos que la practicaban? El tronco de donde éstos procedieron ¿fue uno solo y común a todos? ¿Fue, acaso, asimismo en su origen una sola la tribu que adquirió esa costumbre? ¿O, por el contrario, semejante práctica no tuvo otro origen, sino el deseo de singularizarse, innato en el hombre, y tanto más vivo cuanto menos adelantado se encuentra en cultura y civilización?

Lo mismo podemos decir del tatuaje, que practicaban algunos pueblos de la costa de Esmeraldas, pues la usanza de pintarse el cuerpo, de cubrirse todo él con rayas de colores, con puntos y dibujos caprichosos no es otra cosa, sino los arreos y la gala con que el salvaje pone de lujo su desnudez. Esta práctica no arguye, por lo mismo, identidad de origen histórico en los pueblos que la usan, sino unidad de naturaleza en el hombre, sea cualquiera la zona de la tierra en que habite y el grado de civilización en que se encuentre. No obstante, algunas tradiciones, algunos usos y costumbres pueden dar a conocer el origen de un pueblo y sus relaciones de procedencia con otros, más conocidos y famosos en la historia. Tal es la tradición del diluvio y el culto de las guacamayas, que encontramos entre los cañaris y en los mitos religiosos de los célebres mayas y quichés, pobladores de la península de Yucatán y de Guatemala.

Mas, (volveremos a preguntar), la tradición del diluvio, que conservaban los cañaris y otras muchas naciones de América, ¿se refería al diluvio del Génesis hebraico? ¿era, tal vez, un recuerdo de antiguos cataclismos geológicos, sucedidos en el Nuevo Continente? En todas estas tradiciones hay una circunstancia particular muy digna de ponderación y es la relativa a la manera cómo se volvió a poblar la tierra después del diluvio, y esto nos hace conocer que las antiguas razas del continente americano habían localizado cada una en su propia provincia la tradición hebraica, perdiendo con el transcurso del tiempo las nociones claras y exactas, que, acaso, tuvieron en un principio de aquel famoso acontecimiento, contenido en las enseñanzas religiosas así hebreas como cristianas. ¿Habían llegado hasta estos pueblos algunas nociones confusas del Cristianismo? Las razas americanas, ¿poseían esas tradiciones antes de su inmigración a este continente? Estas cuestiones no pueden tener respuesta satisfactoria en el estado actual de nuestros conocimientos históricos.

Garcilaso refiere que los cañaris adoraban piedras grandes, como divinidades particulares suyas: esta noticia, tan vaga, ¿no podría tenerse como un indicio de la adoración de la piedra misteriosa, que mantenían oculta los mayas, envuelta en lienzos, para sustraerla de la vista de los profanos? El culto de los árboles grandes ¿no sería reminiscencia del culto de las ceibas, tan reverenciadas en la América Central? Garcilaso dice que los cañaris eran tribus bárbaras, muy groseras; pero la Arqueología, merced a los casuales descubrimientos de Chordeleg, desmiente completamente la aseveración de Garcilaso. El descendiente de los monarcas del Cuzco, en su deseo de enaltecer ante la nación conquistadora a sus regios progenitores maternos, pintaba como bárbaras y salvajes a todas las naciones indígenas vencidas por los incas. ¿Qué mucho que haya calificado como salvajes a los cañaris, acerca de quienes no tendría noticias exactas? La autoridad de Garcilaso debe admitirse con reserva en todo cuanto se refiere a las antiguas naciones indígenas del Ecuador.

Esos ligeros rasgos de semejanza entre algunas prácticas supersticiosas de los incas y los Sacramentos de la Iglesia Católica ¿podrán tomarse como vestigios de una tradición cristiana confusa y casi borrada ya completamente, con el largo transcurso del tiempo, en un pueblo compuesto de gentes que carecían absolutamente de escritura? ¿Sería, tal vez, un recuerdo debido a enseñanzas budistas? En tal caso, ¿dónde se recibieron esas enseñanzas? Las tribus americanas recibieron esas enseñanzas allá en las llanuras del Tíbet, de donde trasmigraron a este Nuevo Continente? ¿Habría, por ventura, alguna comunicación entre el Asia oriental y las regiones de América?

Grandes inmigraciones han sido no sólo posibles sino fáciles entre el antiguo y el Nuevo Continente. La configuración de los continentes y la distribución de las aguas no han sido siempre las mismas sobre la superficie del globo en todos los tiempos, sino que han variado en las diversas épocas geológicas. Variando la forma de los continentes y la extensión de los mares, ha debido cambiar también la condición del clima y de la temperatura de los lugares habitados por el hombre, facilitando en unos casos y retardando en otros las inmigraciones de los pueblos, de un punto a otro de la tierra.

CAPÍTULO VIII

I

Este capítulo es un resumen general de todo cuanto hemos dicho en los anteriores; por esto, nadie extrañará que repitamos ahora conceptos expuestos ya antes. Los grandes estudios de las ciencias auxiliares de la Historia conducirán más tarde a los futuros historiadores del Ecuador por senderos, menos escabrosos que los que nosotros hemos recorrido, y les darán, sin duda ninguna, mayor luz, para que puedan descubrir la verdad, que nosotros en muchos casos apenas hemos logrado vislumbrar entre dudas e incertidumbres.

Los documentos que existen relativamente a las antiguas razas indígenas, que poblaban el Ecuador antes de la conquista, son, por desgracia, tan escasos que apenas pueden dar fundamento para ligeras conjeturas, y no para conclusiones históricas evidentemente ciertas. El estudio arqueológico detenido de los objetos, que se ha logrado salvar de la destrucción, ofrece luz muy escasa, para rastrear el origen de los primitivos pobladores de nuestro territorio; aunque esos objetos pertenecientes a las antiguas tribus indígenas son tan pocos, que no se puede fundar sobre ellos ningún sistema ni ninguna teoría razonable respecto de las inmigraciones, que debieron ir llegando poco a poco en distintas épocas al suelo ecuatoriano: ni menos puede asegurarse nada cierto en punto a las relaciones de semejanza que las diversas parcialidades indígenas del Ecuador tienen con otras naciones antiguas, mejor conocidas y más civilizadas del Nuevo Continente.

La dirección de los vientos y el rumbo de las grandes corrientes marinas pudieron traer algunos pobladores involuntarios del Asia a la América Meridional por el Pacífico; y del África a las costas del Brasil, por el Atlántico. La configuración de los dos continentes, la situación que ocupan en el globo y la corta distancia que hacia el norte separa a la América del

Asia, explican fácilmente cómo han podido verificarse con frecuencia las inmigraciones de tribus asiáticas a las tierras americanas.

Los grupos de islas, sembrados en el mar que separa el Asia de la América del Norte, han podido servir muy bien de escala para las inmigraciones emprendidas de propósito del un continente al otro; así como las que están derramadas en el Atlántico y en el Pacífico han de haber contribuido indudablemente a facilitar la comunicación entre la América Meridional, la Oceanía y el África.

Las inmigraciones pudieron ser voluntarias, poniéndose algunas tribus en camino y haciéndose a la vela en busca de tierras donde establecerse, pues las prolongadas sequías, el hambre, la guerra, la exuberancia de población, obligan con frecuencia aun a los pueblos agricultores a abandonar sus hogares y a emprender largas y penosas marchas; pero, más a menudo, las inmigraciones serían involuntarias y forzadas, viéndose arrastrados los viajeros a puntos donde ni siquiera habían imaginado. El río negro, (Kouro-Siwo), de los japoneses y la corriente marítima de Tessán han arrojado más de una vez en los tiempos históricos juncos chinos de casi trescientas toneladas a las costas de California; y asimismo embarcaciones americanas han ido a dar en las Canarias, o desde esas islas han venido a las costas de Venezuela, traídas por la gran corriente del Atlántico, que corre de un hemisferio a otro, rodeando por el golfo de Méjico.

No es muy improbable el que los Chinos hayan conocido la existencia de América, pues el país de Fou-Sang, de que se habla en alguna de sus tradiciones, parece que no puede ser otro sino la costa occidental de Méjico en la América del Norte.

Algunas creencias religiosas, varias prácticas del culto tanto en Méjico como en el Perú, y, sobre todo, ciertas estatuas y bajos relieves de las célebres ruinas de Palenque en la América Central parecen rastros o indicios seguros de la predicación del Budismo en estas regiones; lo cual manifiesta que, en tiempos muy remotos, el antiguo continente estaba en comunicación con el nuevo.

Si se observa con cuidado la fauna del extremo setentrional de la América y también la flora, se encontrará que una grande parte del continente antiguo tiene bajo ese respecto no sólo semejanza sino hasta casi identidad con las regiones americanas próximas, y esta identidad es mayor en la fauna y en la flora paleontológicas. De donde, acaso, podría deducirse que en épocas geológicas anteriores a la actual, la América estuvo unida por el norte a la Asia y a la Europa, formando un solo continente.

La posibilidad de inmigraciones del continente antiguo al continente americano ya no puede ser puesta en duda. Las tradiciones de los pueblos americanos conservaban además el recuerdo de inmigraciones antiquísimas, a las que estaba unido el origen de ellos y su establecimiento en los países, en que los encontraron los conquistadores europeos. Y ¡cosa notable! todas esas tradiciones hacen venir del norte las tribus a que se refieren: el norte ha sido, pues, en la historia de América como en la de Europa el punto de partida de las grandes inmigraciones. La Historia antigua del Ecuador ha conservado vivo el recuerdo de la famosa inmigración de los caras; a las costas de Esmeraldas sobre el Pacífico: los caras llegaron navegando en grandes balsas, y, a lo que parece, venían de algún punto situado al noreste. Pero esta inmigración podemos decir que es muy moderna; y, como todas las demás inmigraciones de que se conserva memoria en América, los recién llegados encontraron ya pobladas las regiones, a donde aportaron. ¿Se podrá fijar una época, en que haya principiado a ser poblada la América?

Los constructores de los grandes atrincheramientos, los que levantaban altozanos y túmulos, los edificadores de habitaciones fortificadas en las rocas, ¿llegarían también a la América Meridional?

El continente americano, acaso, no ha tenido en todos tiempos la misma extensión ni la misma configuración física que tiene ahora. El período glacial debió haber producido hondas modificaciones en la corteza terrestre, y, hasta ahora, no conocemos bien ni su duración ni las causas que lo produjeron. No obstante, la existencia de enormes mamíferos, cuyos huesos fósiles se encuentran en abundancia, hace presumir que nuestro continente, en las épocas terciaria y cuaternaria, ha sufrido modificaciones trascendentales en su superficie. Cuando esos gigantescos paquidermos, cuando esos colosales desdentados y probocídeos vagaban por nuestro suelo, acaso, la gran cordillera de los Andes todavía no se habría elevado. Las condiciones, que para la vida animal se encontraban entonces en América debieron ser muy diversas de las que ofrece actualmente: aquellos colosos del reino animal necesitaban un clima, una temperatura y unos alimentos que no hallarían ahora, si vivieran en los mismos lugares donde han existido antes, como lo manifiesta la abundancia de sus restos fósiles. Durante la época glacial, la dirección de los vientos, la abundancia de las lluvias y los demás fenómenos meteorológicos debieron ser muy variados.

Las aguas del mar no se aumentan, pero la corteza sólida de la tierra se levanta o se deprime gradualmente, por causas que todavía nos son desconocidas: observamos el fenómeno, apreciamos los hundimientos y los levantamientos del terreno, en puntos determinados de mayor o menor extensión, pero la ciencia no puede darnos todavía de estos hechos una explicación satisfactoria. ¿Cuál sería el aspecto de la América antes de la formación de la cordillera de los Andes? ¿Qué ríos la regaban entonces? ¿Cuál era el clima que reinaba en ella?

Lo ordinario es que las transformaciones que se observan en el globo terrestre se produzcan lenta y paulatinamente: un fenómeno tan trascendental como el levantamiento de la cordillera de los Andes, debió ocasionar cambios y mudanzas muy grandes en toda la superficie de nuestro planeta. Acaso, lo que era tierra continental pasó a ser fondo de los mares en algunas partes, y se rompió el antiguo equilibrio entre los océanos, produciendo variaciones asombrosas en la distribución primitiva de las aguas y de los continentes en todo el globo terrestre. Acaso también, entonces fue cuando desapareció aquel gran continente, denominado la Atlántida, en las tradiciones egipcias y helénicas no destituidas de todo fundamento.

II

No conocemos bien todavía ni la historia ni las tradiciones de todas las naciones y tribus antiguas de entrambas Américas; la Arqueología nos revelará más tarde, indudablemente, secretos inesperados; las inscripciones misteriosas de las ruinas de la América Central y de Yucatán no han sido interpretadas todavía, y los recuerdos históricos que contienen aun yacen sepultados en el más impenetrable arcano; las pinturas y jeroglíficos mejicanos aguardan todavía que la sagacidad paciente de un nuevo Champollion americano les arranque sus enigmas y los revele al público, y, hasta ahora, el Perú podemos decir que apenas ha sido explorado por la ciencia: por lo mismo, no ha llegado todavía el tiempo en que se pueda escribir una historia propiamente dicha de las antiguas naciones y tribus indígenas, que poblaban el Nuevo Continente antes de su descubrimiento. ¿Será posible escribir la de las naciones y tribus ecuatorianas? ¿No sería hasta una temeraria pretensión el querer dar mayor importancia de la que, en verdad, tienen los escasísimos datos que poseemos al presente?

La Historia exige hechos ciertos, bien averiguados y que tengan importancia social, para instrucción y mejora del linaje humano: la Historia supone ya la existencia de los pueblos, como la Astronomía supone ya la existencia de los planetas y la Física general, la de los cuerpos. La historia del Ecuador supone, pues, la existencia del pueblo en el territorio ecuatoriano, es decir, en un punto determinado del espacio, para narrar sus vicisitudes en el tiempo. Investigar cuál ha sido el origen de un pueblo, cuáles sus principios, cómo ha comenzado a existir y desde qué tiempo, ésos son asuntos que no atañen a la Historia, sino a otras ciencias muy diversas.

Cuánto más se investiga la antigüedad americana, cuánto mayores son los adelantamientos que se hacen en las ciencias auxiliares de la Historia, como la antropología, la etnografía, la arqueología, etc., tanto más y mayores analogías y puntos de relación y semejanza se descubren entre las naciones indígenas de América y las del antiguo continente. Estas semejanzas arguyen comunicaciones frecuentes y aun mancomunidad de origen, con tal que no nazcan de las tendencias o necesidades espontáneas de la naturaleza humana, la cual, donde quiera, siempre es idéntica a sí misma. Mas, a pesar de las multiplicadas relaciones de semejanza, que pueda presentar la Historia entre las antiguas naciones indígenas de América y las del antiguo mundo, con todo, para resolver afirmativamente la cuestión relativa a la identidad de origen, siempre se tropezará con el arduo problema lingüístico referente a los idiomas americanos. Son éstos tan indígenas de América, tan propios del Nuevo Mundo, que, si tan sólo por la índole y naturaleza de ellos hubiéramos de resolver el punto relativo al origen de las naciones americanas, no nos faltaría fundamento para decir, que ha habido en el Nuevo Continente tanta variedad en la especie humana comparativamente con las otras partes del mundo, como la que hay en las plantas y en los animales, pues bajo ese respecto la América, (como es sabido), posee una fauna y una flora características, propias de ella y distintas de las del otro continente. La filosofía no ha acertado a explicar hasta ahora las causas, que producen la variedad real de los diversos idiomas. La religión católica tiene una explicación admirable, en la que aparecen el libre albedrío del hombre y la acción sobrenatural de la Providencia divina, que gobierna con un fin altísimo al linaje humano.

Algunos antropologistas han sostenido que en América no había más que una sola raza, y que todos los indios pertenecían a una y la misma raza, derramada desde la California hasta la Patagonia; pero estudios más detenidos, observaciones más atentas y, sobre todo, despreocupadas, sin teorías ni sistemas preconcebidos, han probado que en América, debían reconocerse no solamente una sino varias razas. Contrayéndonos a la América Meridional, desde el istmo de Panamá hacia el sur, se clasifican los antiguos pueblos indígenas en varias familias principales, oriundas de la rama meridional o sudamericana de la raza roja. Alcides D'Orbigny, en su obra clásica sobre las razas indígenas de la América Meridional, hace tres grandes grupos, en los cuales distingue hasta siete variedades.

Los tres grupos, o como dice D'Orbigny, las tres razas principales sudamericanas indígenas son: la brasilio-guaraní, la pampeana y la ando-peruana. Claro es que, según esta división, las antiguas tribus indígenas del Ecuador pertenecerían al grupo andino-peruano, y a la nación de los quichuas. Color bronceado más o menos intenso, estatura mediana, cabeza grande, gruesa, cuello largo, ojos pequeños, labios carnosos, nariz siempre abultada, dientes limpios y parejos, cabello abundante, negro, tieso y sin brillo, son los caracteres físicos generales de la raza indígena ecuatoriana, que puebla actualmente la gran meseta interandina.

Las facciones son toscas, poco hermosas y dan a la fisonomía cierto aire desapacible, adusto y taciturno. Los caracteres físicos de los indios ecuatorianos manifiestan, que pertenecen realmente a la raza o nación de los quichuas; pero no era esta nación la única que poblaba el Ecuador al tiempo de la conquista, pues no sólo en el litoral, sino en algunas provincias de la sierra habitaban ciertas tribus que pertenecían más bien, a la familia de los aymaraes, que a la de los quichuas: la compresión artificiosa del cráneo lo está indicando bastantemente.

Pudo suceder también que en el territorio del Ecuador se encontraran otras razas además de la quichua; y, tal vez, no sería infundado decir que algunas tribus eran descendientes de la antigua familia nahual, cuyas huellas se descubren a entrambos lados del istmo de Panamá. ¿No se podría presumir también que la vigorosa familia caribe-guaraní pobló algunas provincias del Ecuador? El grupo caribe parece haber habitado en la comarca del Azuay, al otro lado de la gran cordillera oriental, y pudo haber sido el primer poblador de esa provincia, antes que llegaran a vivir en ella los célebres cañaris.

El grupo caribe, según nuestro juicio, está representado actualmente en el Azuay por la tribu de los jíbaros, que habitan al otro lado de la rama oriental de los Andes. Cuando todavía no dominaban los incas en el Ecuador, los jíbaros eran una de las parcialidades, que constituían la confederación de muchas y diversas tribus, conocida en la Historia por la denominación general de los cañaris. Los jíbaros serían, acaso, los más antiguos pobladores de una gran parte del Azuay, y las inmigraciones que fueron sobreviniendo los obligarían a retirarse a los territorios del Oriente. Talvez, se internaron en América, ocupando los puntos más favorables para la navegación de sus ríos caudalosos y surcaron aguas arriba el Orinoco, el Marañón y sus innumerables afluentes.

No hay duda de que tanto en el Ecuador como en toda la América debieron existir razas procedentes de diversos puntos, y, por lo mismo, unas han de haber sido más antiguas que otras en estos lugares; y las que primero ocuparon el suelo serían indudablemente rechazadas hacia el interior por las que llegaban después. Pero, ¿cuál de estas razas es la más antigua? ¿Cuál fue la que llegó a estas partes primero que las otras?

¿Cuándo, en qué tiempo, desde qué época principió la población del Ecuador por la raza indígena? Estas cuestiones, como las anteriores, no pertenecen propiamente a la Historia, sino a las ciencias auxiliares de ella; y, concretándonos al Ecuador, no vacilamos en decir, que al presente esos problemas pueden ser planteados, pero no resueltos.

Talvez, algún día la casualidad o la investigación paciente de la ciencia logrará descubrir algunos indicios de la existencia primitiva del hombre, en nuestro suelo, para calcular por ellos la antigüedad de la población de estas comarcas, hasta ahora los restos fósiles de animales de la época cuaternaria se han encontrado solos, y ni los instrumentos toscos, ni los utensilios groseros de la edad de la piedra han revelado la existencia simultánea del hombre y del mastodonte en nuestras regiones. En algunos puntos de la República existen considerables acumulaciones de fósiles cuaternarios, pero no se han encontrado ni restos del hombre ni vestigios de su existencia; y el descubrimiento de objetos propios de una civilización rudimentaria, enterrados en el lecho del mar, prueba que las costas ecuatorianas estaban habitadas desde muy antiguo, y que los primitivos pobladores habían sido testigos y, acaso, víctimas de esos espantosos cataclismos, que de cuando en cuando trastornan y modifican grandemente las costas del Pacífico en la América Meridional.

III

Varios sistemas se han inventado para explicar la existencia del hombre sobre la tierra: pretenden algunos que el hombre es un resultado necesario de la combinación de las fuerzas naturales, y que ha aparecido donde quiera que estas fuerzas se han encontrado en condiciones favorables para producirlo. Consecuentes con estas teorías, sostienen los autores de este sistema, que el hombre ha principiado por un estado de profunda miseria intelectual y moral, y que desde ese tan hondo abismo de atraso y de ignorancia, más deplorable que el salvajismo degradante en que yacen actualmente algunas hordas de la Oceanía, se ha ido, por sus propios esfuerzos; elevando poco a poco hasta el mayor grado de civilización, mediante las leyes necesarias de la evolución y transformación progresiva de la materia. Basta enunciar este sistema para rechazarlo como absurdo: la simple exposición de semejante teoría manifiesta la flaqueza mental de los ingenios que la inventaron, pues no puede haber nada más contrario a la sana filosofía y hasta al sentido común.

No debe sorprendernos, por otra parte, la dificultad que hay para explicar el origen de las tribus americanas: a pesar de los grandes adelantamientos históricos, todavía se ignora completamente la historia de muchas de las naciones del antiguo continente; muy poco sabemos de los pueblos del Asia y aun de varias razas europeas no conocemos nada, absolutamente nada, de su historia anterior a las invasiones, con que asolaron el imperio romano en los primeros siglos de la era cristiana. ¿Nos maravillaremos de que el origen de las naciones americanas sea desconocido? ¿No es todavía un misterio en la Historia el origen de muchas naciones del antiguo continente?

Las tribus americanas, se dice, habían olvidado su procedencia respectiva y muchas de ellas se creían originarias del suelo en que vivían, lo cual prueba una antigüedad muy remota. El haber perdido todo recuerdo de la patria y origen de sus mayores prueba no solamente antigüedad muy remota; puede probar también superstición religiosa y decadencia intelectual en los pueblos indígenas. Por ventura, ¿los mismos indios, que se creían nacidos de cerros, de peñas, de quebradas, no conservaban, con religiosa veneración, los cadáveres de sus progenitores, de los régulos, padres de familia o fundadores de los pueblos? Esas momias, ¿manifestaban, acaso, una antigüedad remotísima? Por el contrario, ¿en varias de ellas no se descubrieron señales que revelaban no ser muy antiguas?

Propio ha sido siempre de todos los pueblos el tenerse como muy antiguos y originarios del mismo suelo en que habitaban: los egipcios, según Diodoro de Sicilia, se creían el pueblo más antiguo del mundo y nacidos en el mismo valle del Nilo; y los griegos aseguraban también otro tanto acerca de sus progenitores. Esta creencia es un brote espontáneo de la vanidad natural ingénita en todo pueblo, por la que ninguno quiere ser inferior a otro; antes sí más excelente que los demás. ¿Los romanos no llamaban bárbaros a todos los pueblos que no eran romanos? La unidad del linaje humano, enseñada como un dogma por el Cristianismo, ha hecho buscar el origen de los pueblos y las relaciones que tienen con los demás de la tierra.

El estado de salvajismo no es, pues, el principio necesario, por donde han comenzado los pueblos la obra de su civilización: el estado de salvajismo es una situación miserable, a que se ven reducidas algunas tribus, que caen y se degradan, extraviándose del verdadero camino de la civilización por causas, que a menudo no se pueden evitar.

El salvaje odia la vida civilizada y huye siempre de ella; así es que, el hombre no sólo no se eleva por sus propios esfuerzos del estado de salvajismo al de civilización, sino que prefiere perecer, antes que abrazar la vida civilizada: el salvaje se marchita y se deja morir antes que mantenerse en vida civilizada. ¿Cómo había de trabajar para conseguir lo mismo que odia y desprecia? De aquí es que esas edades de la piedra, del bronce, del hierro, con sus múltiples divisiones y subdivisiones, tales como las ha imaginado la Arqueología prehistórica, no se encuentran en la vida real de los pueblos, ni son jornadas necesarias y sucesivas, que deban hacer indispensablemente las razas humanas, saliendo del salvajismo a la barbarie, para pasar de ésta y llegar a la civilización.

Tampoco son siempre señal evidente de un estado de civilización que apenas comienza recién a dar los primeros pasos, pues pueden ser una consecuencia de la degradación y miseria a que ha descendido un pueblo, antes civilizado. Para producir esa transformación social pueden concurrir causas innumerables y, principalmente, en América, atendida la manera de vida de las antiguas tribus indígenas y las condiciones de la naturaleza física que les rodeaba.

Las tres edades han estado, pues, reunidas simultáneamente en no pocos pueblos indígenas de América. Por lo que respecta al Ecuador, no se puede señalar con precisión en ninguna de las naciones antiguas la edad de la civilización, a que habían llegado. Conocían el hierro: en la lengua quichua, que era la general del imperio de los incas, tenían una palabra, a saber, un nombre sustantivo, con que designarlo; pero no lo labraban ni lo extraían de las minas por el mucho trabajo que exigía su explotación. Del cobre combinado con el estaño hacían armas, utensilios domésticos y otros instrumentos, tan bien templados que con ellos lograban taladrar curiosamente hasta las esmeraldas. Se servían de la piedra, y varias tribus de

Quito principalmente de la obsidiana, para fabricar una gran variedad de objetos no sólo necesarios para los menesteres de la vida, sino de curiosidad, de adorno y de puro lujo; pero esos mismos que empleaban la piedra trabajaban el oro y la plata, fundían entrambos metales y hacían joyas mucho más primorosas, que las que en esa misma época trabajaban los plateros europeos.

Los indios de la Puná eran habilísimos para trabajar el oro, pues lo fundían y reducían a láminas delgadas, de las cuales, por medio de ciertos instrumentos de piedra, labraban cuentas, primorosas por lo redondo y pulido de ellas; pero tan menudas y pequeñas, que casi se perdían entre los dedos. De estas cuentecillas formaban sartas, que venían a ser como unos delgados hilos de oro, con los cuales se adornaban y engalanaban ellos y sus mujeres. Para trabajar estas cuentas, se tendían de pechos los indios en el suelo, sobre mantas de algodón, en las que ponían el oro y los instrumentos de su arte. ¿No podremos decir, con toda verdad, que en la Puná se encuentran a la vez la edad de la piedra y la edad de los metales?... Todavía aun después de la conquista, los indios de la Puná continuaban trabajando sus cuentas o granillos de oro, con los mismos instrumentos de piedra de que se habían servido antes de la llegada de los conquistadores.

Los mismos indios, que, a juzgar por ciertos instrumentos de uso doméstico, estaban apenas en la edad de la piedra pulimentada, tenían un sistema astronómico admirable, y en su régimen social y político habían establecido para el equilibrio de la autoridad ciertas combinaciones, propias del gobierno representativo. Ejemplo de ello son los scyris de Quito.

No vacilamos, pues, en declarar terminantemente que ni la edad de la piedra, ni la edad del bronce se encuentran en la Historia del Ecuador con aquella regularidad, aquella sucesión determinada, que especifican los sostenedores de la Arqueología prehistórica sistemática; y aun nos atrevemos a añadir, que esas etapas de la civilización humana no han existido jamás en ningún pueblo con esa rigurosa sucesión que pretenden los que en el estudio de los usos y costumbres de los pueblos no buscan desapasionadamente la verdad, sino la realización de las teorías y sistemas que han concebido de antemano.

La ciencia tiene principios fijos, evidentemente ciertos e indemostrables, y de ellos deduce consecuencias rigurosas. ¿Podrá haber ciencia allí donde los resultados de la experiencia y los hechos mismos contradicen a los principios? ¿Podrán ser éstos verdaderos, cuando a cada paso se ven desmentidos por la experiencia? La verdad constituye la ciencia, y la verdad y la moral son inseparables en la Historia.

Hemos acabado de trazar, a grandes rasgos, el cuadro de la Historia antigua de la República del Ecuador, dando a conocer a los indígenas que habitaban en estas comarcas, antes de que fuesen conquistadas por los españoles: sabemos y a quienes eran los indios y cuál el estado de civilización, a que habían alcanzado por sus propios esfuerzos; tiempo es, por lo mismo, de que estudiemos la manera cómo la nación conquistadora logró a enseñorearse de la raza indígena y a establecer en estas regiones no sólo su dominio, sino pueblos nuevos y colonias, que han venido a ser actualmente naciones civilizadas.

Era indispensable dar a conocer la raza conquistada, antes de referir la llegada a estas partes, los grandes hechos y la varia fortuna de la conquistadora: hemos contado lo que podemos llamar historia antigua del Ecuador; pasemos, pues, a narrar la serie de los acontecimientos, por los cuales se llevó a cabo el descubrimiento y la conquista.

Made in United States
North Haven, CT
28 May 2023

37068643R00085